职业技能等级认定培训教材

政务服务综合窗口办事员

（基础知识）

政务服务综合窗口办事员职业技能等级认定培训教材编委会　组织编写

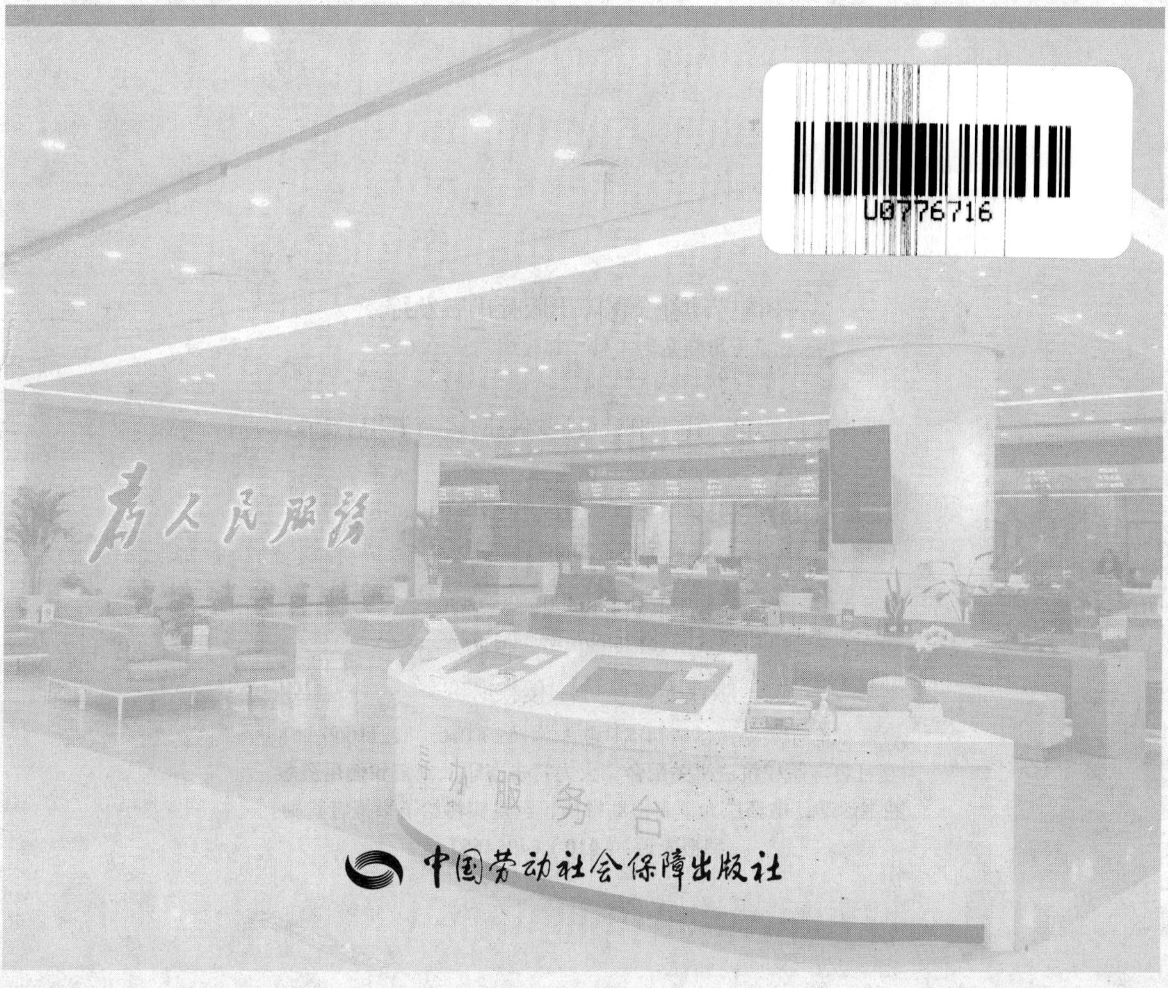

中国劳动社会保障出版社

图书在版编目（CIP）数据

政务服务综合窗口办事员．基础知识／政务服务综合窗口办事员职业技能等级认定培训教材编委会组织编写．--北京：中国劳动社会保障出版社，2023

职业技能等级认定培训教材

ISBN 978-7-5167-5934-9

Ⅰ.①政… Ⅱ.①政… Ⅲ.①国家行政机关-社会服务-中国-职业技能-鉴定-教材 Ⅳ.①D630.1

中国国家版本馆 CIP 数据核字（2023）第 108428 号

中国劳动社会保障出版社出版发行

（北京市惠新东街1号　邮政编码：100029）

*

北京市科星印刷有限责任公司印刷装订　新华书店经销

787毫米×1092毫米　16开本　7印张　98千字

2023年7月第1版　2025年8月第3次印刷

定价：22.00元

营销中心电话：400-606-6496

出版社网址：http://www.class.com.cn

版权专有　　侵权必究

如有印装差错，请与本社联系调换：（010）81211666

我社将与版权执法机关配合，大力打击盗印、销售和使用盗版图书活动，敬请广大读者协助举报，经查实将给予举报者奖励。

举报电话：（010）64954652

政务服务综合窗口办事员
职业技能等级认定培训教材编委会

主　任　张　丽　庞光明
副主任　赵　欣　黄　荦
委　员　成绍伦　王利霞　孔　鑫　卢艺欣
　　　　胡良伟　赵一霖

本书编审人员

主　编　李　江　杨福臻　李　阳
副主编　李　园　常卫霞
编　者　贾贵斌　孙　东　孙　毅　金小艺
主　审　刘　霞　白远国

前 言

为加快建立劳动者终身职业技能培训制度，全面推行职业技能等级制度，推进技能人才评价制度改革，促进职业培训包制度与职业技能等级认定制度的有效衔接，进一步规范培训管理，提高培训质量，政务服务综合窗口办事员职业技能等级认定培训教材编委会依据《行政办事员（政务服务综合窗口办事员）国家职业技能标准（2020年版）》（以下简称《标准》），编写了政务服务综合窗口办事员职业技能等级认定培训教材（以下简称等级教材）。

政务服务综合窗口办事员等级教材紧贴《标准》要求编写，内容上突出职业能力优先的编写原则，结构上按照职业功能模块分级别编写。该等级教材共包括《政务服务综合窗口办事员（基础知识）》《政务服务综合窗口办事员（五级）》《政务服务综合窗口办事员（四级）》《政务服务综合窗口办事员（三级）》4本。《政务服务综合窗口办事员（基础知识）》是各级别政务服务综合窗口办事员均需掌握的基础知识，其他各级别教材内容分别包括各级别政务服务综合窗口办事员应掌握的理论知识和操作技能。

本书是政务服务综合窗口办事员等级教材中的一本，是职业技能等级认定推荐教材，也是职业技能等级认定题库开发的重要依据，适用于政务服务综合窗口办事员职业技能等级认定培训和中短期职业技能培训。

本书在编写过程中得到北京市平谷区政务服务管理局、云南省昆明市政务服务管理局、云南省普洱市政务服务管理局、内蒙古自治区鄂尔多斯市康巴什区政务服务局、内蒙古自治区鄂尔多斯市达拉特旗政务服务局、山东省济南市历下区行政审批服务局、湖北省孝感市孝南区政务服务和大数据管理局、内蒙古自治区通辽霍林郭勒市行政审批和政务服务局、内蒙古自治区鄂尔多斯市鄂托克旗政务服务局等单位的大力支持与协助,在此一并表示衷心感谢。

政务服务综合窗口办事员

职业技能等级认定培训教材编委会

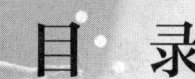

目 录

第一章 职业道德 1
  第一节 职业与职业道德概述 1
  第二节 新时代社会主义职业道德 7
  第三节 政务服务办事员职业守则 12

第二章 政务服务信息化基本知识 18
  第一节 政务信息化相关知识 18
  第二节 常用政务服务信息化设备 22

第三章 公务活动基本知识 27
  第一节 礼仪知识 27
  第二节 行为举止知识 31
  第三节 政务人员服务心理学 33

第四章 公文写作基本知识 38
  第一节 公文基础知识 38
  第二节 公文格式要求 42
  第三节 公文写作 45

第五章　政务服务基础知识 ………………………………… 58
　　第一节　政务服务体系 …………………………………… 58
　　第二节　互联网+政务服务 ……………………………… 60

第六章　安全环保知识 ……………………………………… 66
　　第一节　安全保密知识 …………………………………… 66
　　第二节　绿色办公知识 …………………………………… 70
　　第三节　消防安全知识 …………………………………… 73
　　第四节　应急知识 ………………………………………… 77

第七章　相关法律法规知识 ………………………………… 80
　　第一节　《中华人民共和国宪法》相关知识 …………… 80
　　第二节　《中华人民共和国行政许可法》相关知识 …… 81
　　第三节　《中华人民共和国治安管理处罚法》相关知识 … 87
　　第四节　《中华人民共和国保守国家秘密法》相关知识 … 89
　　第五节　《中华人民共和国公务员法》相关知识 ……… 93
　　第六节　《中华人民共和国行政复议法》相关知识 …… 96
　　第七节　《优化营商环境条例》相关知识 ……………… 99

第一章 职业道德

第一节 职业与职业道德概述

一、职业

1. 职业的概念及分类

职业是指从业人员为获取主要生活来源所从事的社会工作类别。

人类最早是没有"职业"的。职业是人类社会生产活动发生分工的结果。随着社会分工的日益细化，职业的种类也越来越多。《中华人民共和国职业分类大典（2022年版）》显示，有职业细类（职业）1 636个。

职业分类是以工作性质的同一性为基本原则，对社会职业进行的系统划分与归类。所谓工作性质，即一种职业区别于另一种职业的根本属性，一般通过职业活动的对象、从业方式等的不同予以体现。

政务服务综合窗口办事员，是第三方服务机构派遣的人员或政府自主招聘的临时工作人员，在各级人民政府及其部门设立的政务服务场所，根据企事业单位和群众的需求，提供政务服务咨询引导、材料初审、流转、办结通知、相关服务。

2. 职业的特征

职业，是从业人员可以凭借其获取生活来源的手段，是他们承担社会责任的角色，是实现人生价值的平台。职业具备以下几项特征：

（1）目的性

职业活动以获得现金或实物等报酬为目的。

（2）社会性

职业是从业人员在特定社会生活环境中所从事的一种与其他社会成员相互关联、相互服务的社会活动。

（3）稳定性

职业在一定的历史时期内形成，并具有较长生命周期。

（4）规范性

职业活动必须符合国家法律和社会道德规范。

（5）群体性

职业必须具有一定的从业人数。

二、职业道德

人们在社会生活中受到道德的规范和约束，同样在工作岗位上也要遵守职业道德的要求。职业道德是道德体系中的重要组成部分，加强公民职业道德教育，能修正个人行为，最大限度地发挥职业价值，激发生产生活内驱力，使自我提升与社会建设同步同轨，促进物质文明与精神文明协调发展，对新时代建设中国特色社会主义现代化国家具有重要意义。

1. 职业道德的概念

职业道德与家庭美德、社会公德构成了道德的三大领域。职业道德是职业活动的产物。职业道德的概念有广义和狭义之分。

（1）广义的职业道德

广义的职业道德是指从业人员在职业活动中应该遵循的行为准则，涵盖了从业人员与服务对象、职业与职工、职业与职业之间的关系。

（2）狭义的职业道德

狭义的职业道德是指在一定的职业活动中应遵循的、体现一定职业特征的、调整一定职业关系的职业行为准则和规范。不同的职业在特定的职业活动中形成了特殊的职业关系，包括职业主体与职业服务对象之间的关系、职业团体之间的关系、同一职业团体内部人与人之间的关系，以及职业从业者、职业团体与国家之间的关系。

2. 职业道德与社会公德

职业道德是社会道德的组成部分，职业从业者是社会成员的一分子，是社会公德的实践者。职业道德是所有从业人员在职业活动中应该遵循的行为准则，涵盖了从业人员与服务对象、职业与职工、职业与职业之间的关系。随着现代社会分工的发展和专业化程度的增强，市场竞争日趋激烈，整个社会对从业人员职业观念、职业态度、职业技能、职业纪律和职业作风的要求越来越高。因此，要大力倡导以爱岗敬业、诚实守信、办事公道、服务群众、热情奉献为主要内容的职业道德，鼓励人们在工作中做一名合格的职业人。

社会公德是全体公民在社会交往和公共生活中应该遵循的行为准则，涵盖了人与人、人与社会、人与自然之间的关系。在现代社会中，公共生活领域不断扩大，人们相互交往日益频繁，社会公德在维护公众利益、公共秩序，保持社会稳定等方面的作用愈加突出，成为公民个人道德修养和社会文明程度的重要表现。要大力倡导以文明礼貌、助人为乐、爱护公物、保护环境、遵纪守法为主要内容的社会公德，鼓励人们做一个好公民。集体主义作为公民道德建设的原则，是社会主义经济、政治和文化建设的必然要求。社会主义民主政治的本质和核心是人民当家作主，国家利益、集体利益和个人利益根本上的一致，使集体主义成为调节三者利益关系的重要原则。要把集体主义精神渗入社会生产和生活的各个层面，引导人们正确认识和处理国家、集体、个人利益的关系，提倡个人利益服从集体利益、局部利益服从整体利益、当前利益服从长远利益，把个人的理想与奋斗融入广大人民的共同理想和奋斗之中。

3. 职业道德与个人品德

社会主义职业道德是社会主义社会各行各业的从业者在职业活动中必须共同遵守的基本行为准则。它是判断人们职业行为优劣的具体标准，也是社会主义道德在职业生活中的反映。集体主义贯穿于社会主义职业道德规范的始终，是正确处理国家、集体、个人关系的最根本的准则，也是衡量个人职业行为和职业品质的基本准则，是中国特色社会主义社会的客观要求，是社会主义职业活动获得成功的保证。

个人品德是一定社会的道德原则和规范在个人思想和行为中的体现，是一个人在其道德行为整体中所表现出来的比较稳定的、一贯的道德特点和倾向。个人品德由道德认识、道德情感、道德意志和道德行为等因素所构成，主要包括友善互助、正直宽容、明礼守信、热情诚恳、自强自立等。个体的道德活动是人类道德生活中最活跃、最生动、最有生命力的内容，它内在地包含着未来社会道德发展的趋势，正是这种趋势使个体能够将社会道德内化于心、外化于行。个体道德活动，既是社会道德再现的承担者、实践者，又是社会道德更新的推动者、创造者。"德，外得于人，内得于己"，讲的就是一个有道德的人在践行服务他人、献身社会的崇高行为中，必然会使自己的道德觉悟不断提高，思想境界不断升华，并受到社会的尊重，从而使自己身心获益。

4. 职业道德的作用

职业道德是社会道德体系的重要组成部分，职业道德要求已经成为和谐社会发展的重要议题，现代社会各行各业的从业人员都能遵守基本的职业道德、达到职业素养要求，可见职业道德的规范作用和影响力。加强职业道德建设对每一位从业人员、每一个职业集体甚至整个社会道德水平的提高都有十分重要的作用。

（1）职业道德是从业人员的立业之本

工作是个体体现价值、创造价值、实现价值的重要途径之一，一个人如果不劳动、不参加工作或者工作不用心就会失去发展的机会，进而逐渐与社会脱轨。劳动者可以通过职业活动获得生存、生活和发展的机会与可能，一旦选择某种职业，个体就有了发挥价值的平台，可以通过努力做到服务社会、实现自身价值。职业道德是立业之本，没有职业道德，即便有业也难以立业，难以有稳定的安身立命的经济来源，难以有生活可持续发展的基础。在就业竞争日益激烈的现代社会，如果不遵守职业道德，就会无形中削弱个体竞争力，制约自身发展。作为一名服务行业合格的职业人，首先，应该具备良好的职业素养和较高的职业道德，以满足岗位发展的需要。其次，在就业后要能从小事做起，干净做人，规范做事，懂得尊重他人、帮助他人，以实际行动做好本职工作，争取为企业和社会进步做出应有的贡献。另外，职业人也要在工作中找到乐趣，得到锻炼和提高，在成就事业的同时成就自己。

（2）职业道德关系到从业人员职业发展之路

能否稳定就业，实现职业成长和发展，取决于从业者的职业操守和职业表现，即从业者通过职业行为所反映出的职业道德水平。一方面，良好的职业道德能够引领人成长和发展的方向。职业需要奉献，岗位需要付出，有付出才有回报。所有的从业人员都应具有良好的思想道德修养，要有我为人人、人人为我的价值理念，具备良好的职业道德，只有这样，才能在工作中不断得到发展和成长。另一方面，高尚的职业道德情操是激发个人职业发展的潜在力量。根据马克思主义唯物辩证法，事物的运动是由内因和外因共同作用的，内因是主导、外因是辅助，两者对事物的发展缺一不可。人在成长和发展过程中的内因主要包括思想、心理、精神等方面，而职业道德属于思想的范畴，对人的潜在力量有很大的激发作用。例如，在现实生活中，有的人朝气蓬勃、活力无穷，对工作充满了期望和干劲，有的人则在工作中得过且过，做一天和尚撞一天钟地混日子，这其中就是因为道德的内在动力作用有所不同。

走好职业人生路、实现人生价值有很多途径，而养成良好的职业道德是通向职业成长和职业发展的光明之路。

（3）职业道德有助于调节良好的人际关系

职业道德具有调节作用。一方面，职业道德可以调节从业人员内部的关系，即运用职业道德规范约束职业内部人员的行为，促进职业内部人员的团结和合作，如职业道德规范要求各行各业的从业人员团结、互助、爱岗、敬业，齐心协力地为发展本行业、本职业服务。另一方面，职业道德又可以调节从业人员和服务对象之间的关系，如职业道德规定了制造产品的工人要怎样对用户负责，营销人员怎样对顾客负责，医生怎样对病人负责，教师怎样对学生负责，等等。

在从业人员的职业活动中，职业道德的调节作用更加明显。职业道德是人们用以调节人际关系的重要手段之一，其特殊性在于依靠人对于精神上满足感的需要，特别是对真、善、美的追求来协调人际关系。人际关系作为人在相互交往过程中形成的一种心理关系，对每个社会成员的工作和生活都有着深刻的影响。当人际关系和睦的时候，人与人之间感情融洽，相互谅解、体贴，工作上相互配合、协调合作，能使人们产生愉悦心情，提升满足感，获得成就感和生活幸福感。相反，当人际关系紧张时，人与人之间会相互猜疑和产生不信任，无形中制造出互相提防的工作氛围，必然对人的心理产生负作用，这样就会影响人的工作情绪和工作状态，更严重的还会对人的心理产生损害，从而降低工作绩效。

职业活动是一个群体性社会行为，构成群体的个体只有具备良好的道德素养、品德修养，才能构建和维系良好的人际关系。一般来说要做到：第一，宽以待人，严于律己，待人处事持积极态度；第二，为人热情、开朗、真诚、自信，与人为善、助人为乐；第三，心胸开阔、情绪稳定、自制力强，事关个人利益要从大处着眼，不要斤斤计较；第四，谦虚求教，主动沟通，凡事多问多思考，切勿自以为是。

（4）职业道德助力社会道德发展

职业道德是社会道德的主要内容，一方面，职业道德涉及每个职业人对待职业、对待工作的态度，同时也是一个从业人员生活观念、价值观念的具体表现；另一方面，职业道德也是一个职业集体甚至行业全体人员职业素养的整体体现，如果每个行业都有崇尚道德的优良传统，每个职业集体成员都有良好的职业道德，那么这对整个社会道德水平的提升将具有十分深远的影响，将为社会的良性发展提供必要的道德支撑。

第二节　新时代社会主义职业道德

一砖一瓦砌成事业大厦，一点一滴创造幸福生活。世间一切美好，往往都蕴含着职业道德的光芒，凝聚着劳动者的品德风范。

一个推崇敬业乐业的民族，必定是令人肃然起敬的民族；一个弘扬职业理想的社会，必定是一个活力涌流、文明进步的社会。2001年中共中央印发实施的《公民道德建设纲要》和2019年中共中央、国务院印发实施的《新时代公民道德建设实施纲要》都明确提出了要推动践行职业道德。

对于政务服务综合窗口办事员来说，职业道德建设的意义格外重大。政务服务综合窗口办事员的工作内容和工作性质决定了其联系个人、企业、社会团体与各级党政机关的重要纽带地位，是各级党政机关在群众中的"具象化"的表达。政务服务综合窗口办事员的工作形象、工作态度、工作能力、工作作风很大程度上影响着党和政府在群众中的形象和地位。所以，政务服务综合窗口办事员尤其要把握《新时代公民道德建设实施纲要》中规定的新时代公民职业道德建设主要内容的逻辑联系，成为一名"爱岗敬业、诚实守信、办事公道、热情服务、奉献社会"的社会主义建设者，成为新时代职业道德规范的示范者、践行者、传播者。

一、爱岗敬业

1. 爱岗敬业的内涵

爱岗敬业指的是忠于职守的事业精神，这是职业道德的基本规范。爱岗，就是热爱自己的工作岗位，热爱本职工作；敬业，就是要用一种恭敬严肃的态度对待自己的工作。提倡爱岗敬业，热爱本职工作，并不是要求人们终身只能专注于自己的工作岗位，而是提倡人的全面发展，不断学习知识、增长才干，努力成为多面手。

2. 爱岗敬业的要求

爱岗敬业的要求是为人民服务和集体主义精神的具体体现，是新时代社会主义职业道德基本规范的基础。爱岗敬业要做到如下几点。

（1）树立理想

职业理想是指人们对未来工作部门和工作种类的向往以及对现行职业发展将达到什么水平、什么程度的憧憬。职业理想分为初级、中级和高级三个层次，职业理想的初级层次是维持自己和家庭的生活需要，是人们对职业的最低要求；职业理想的中级层次是人们希望从事适合个人能力和爱好的工作，以充分发挥并提高自己的全方位素质；职业理想的高级层次是通过社会分工把自己的职业理想同为社会、为他人服务联系起来，其工作的目的是承担社会义务。三个层次的内容逐层递进，并不互相冲突。

（2）强化责任

职业责任是指人们在一定的职业活动中所承担的特定的职责，包括人们应该承担的工作和义务。职业责任是由社会分工决定的，往往通过行政甚至法律的方式加以确定和维护，因此职业责任具有法律及纪律的强制性。

（3）提高技能

职业技能也称职业能力，是人们开展职业活动、履行职业责任的能力和手段，它包括从业人员的实际操作能力、业务处理能力、技术技能以及与职业有关的理论知识掌握程度等。职业技能形成的条件包括：个人的先天生理条件、职业活动实践和职业教育、职业技能培训。先天条件只占职业技能形成条件的一小部分，所以从业人员后天要通过自身努力、参加培训等方式提升自己的职业技能。

二、诚实守信

1. 诚实守信的内涵

诚实，即忠诚老实，忠于事物的本来面貌，不隐瞒自己的真实思想，不掩饰自己的真实感情，不说谎、不作假，不为不可告人的目的而欺瞒别人。守信，就是讲信用、讲信誉，信守承诺，忠实于自己承担的义务，答应了别人的事一定要去做。

2. 诚实守信的要求

社会主义道德是一个包括道德核心（即为人民服务）、道德原则（即集体主义至上）和各种道德规范的庞大体系。这个体系涵盖了道德生活的所有方面，包括社会公德、职业道德和家庭美德三大领域中各种伦理关系的要求。把"诚实守信"融入职业道德建设的各个领域和各个方面，有助于各行各业的从业人员都能在各自的职业中培养诚实守信的观念，忠诚于自己从事的职业，信守自己的承诺。公务人员应贯彻全心全意为人民服务的宗旨，一言一行应当切实体现最广大人民的根本利益。对上级、对下级、对老百姓"诚实守信"，说老实话，办老实事。

三、办事公道

办事公道要求从业人员在处理问题时，要站在公正的立场上，按照同一标准和同一原则办事。

1. 办事公道的内涵

办事公道是指在处理社会关系时遵循公平、公正的原则，不搞特殊化、不搞特权。这里所提倡的公正与旧时的、传统的公正有本质的不同，但是其出发点都是相同的，都是为了保证每个人在社会上的合法地位和平等权利。如果办事不公正，徇私舞弊，势必会损害社会主义平等竞争的原则，形成不正当竞争，造成新的不平等，就会对社会各方面产生消极的影响。

2. 办事公道的要求

（1）坚持真理

职业工作者坚持真理，秉公办事必须努力做到：在大是大非面前政治立场坚定，在政治风浪面前头脑清醒，在腐朽思想文化面前自觉抵制，在集体利益和国家利益面前自觉服从大局。

（2）公私分明

公私分明是指公家的事情和自己的私事区分得很清楚，不凭借自己手中的职权谋取个人私利，损害社会、集体利益和他人利益。公私分明是检验一个人职业

操守的尺码，能做到公私分明的人，才可能做到克己奉公；反之，则不然。

（3）公平公正

办事公平是指在职业活动中做到平等待人，秉公办事，对服务对象不论亲疏、贵贱、贫富或个人好恶均一视同仁、公平对待。

（4）光明磊落

光明磊落是指做人做事没有私心，胸怀坦白，行为正派。从业人员要注意培养和践行光明磊落的良好社会风尚，把社会、集体利益放在首位，说老实话、办老实事、做老实人，坚持原则，无私无畏，敢于负责，敢担风险。

四、热情服务

1. 热情服务的内涵

热情服务就是从业人员在为服务对象（也称顾客）提供服务的过程中，友善热情，恪尽职守，尽心尽力。

任何职业都有其服务对象，都有其为社会提供的特色服务。离开了服务对象对该职业的共同需求，该职业便不复存在。职业劳动的过程就是从业人员为服务对象提供服务的过程。广大人民群众的不同服务需求，为各行各业的生存发展提供了前提条件。从业人员提供服务的质量就成为其职业价值的所在。教师提供教书育人的服务，医生提供救死扶伤的服务，工人提供优质产品的服务，农民提供丰富农产品的服务，理发师提供美发服务，政府工作人员为人民群众服务……

树立为他人"热情服务"的理念，尽心尽力干好工作，致力于服务好自己的服务对象，这不仅是从业人员获得报酬的凭借，也是营造友善社会风气的重要途径。

2. 热情服务的要求

充分尊重服务对象，做到倾情关爱、倾心帮助。从业者要视顾客呼声为第一信号，视顾客需要为重要选择，视顾客利益为重要责任，视顾客满意为重要标准。

每一位从业人员，都应当感谢顾客、尊重顾客，为顾客的权益着想。

认为服务顾客是一种施舍，看不起顾客，认为顾客要求服务是有求于我，动不动就要职业特权、要行业威风的思想和行为都极为错误，有悖于职业道德。

让顾客办事便捷，为顾客提供优质服务，这是服务顾客的具体要求，也是尊重顾客、维护顾客利益的具体体现。方便顾客，就要在服务过程中尽力为顾客排忧解难。比如，商业工作者应考虑如何为顾客提供更加方便、快捷、舒适的购物环境；机关工作人员应考虑如何合理地安排工作时间，简化办事程序，提高办事效率，方便群众办事。总之，在职业活动中，把方便留给顾客，把困难留给自己，更好地满足顾客的需要，是热情服务的题中应有之义。

五、奉献社会

1. 奉献社会的内涵

奉献精神是社会责任感的集中表现，是新时代社会主义职业道德的最高要求，它要求各行各业的从业人员，努力为社会做贡献，为社会发展的长远利益不惜牺牲个人的利益。因此，它也是一种高尚的社会主义道德规范和要求，当一个人专注于某一事业时，他关注的是这一事业对于社会的意义，努力为社会事业而兢兢业业、任劳任怨，不计较个人得失，甚至不惜献出自己的生命。

2. 奉献社会的要求

（1）立足本职，尽职尽责。能做到奉献社会的人不仅有明确的信念支撑，而且能用崇高的行动来证明。奉献是一种精神，但是只有把这种精神落实到行动上，躬行实践，才能真正做出有益于社会和他人的贡献。

（2）树立正确的义利观。"义"，即道义，是指人们的思想和行为符合一定的道德标准或原则；"利"，即功利，是指各种利益，特别是物质利益。坚持义利观的统一，首先，要充分肯定物质利益的作用；其次，要抵制见利忘义、唯利是图的社会风气；最后，要把国家、集体利益放在首位。

第三节　政务服务办事员职业守则

政务服务办事员是国家持续优化政务服务过程中产生的新型职业。这个职业必须紧密服务于"优化政务服务"这个中心任务。

作为政务服务综合窗口办事员，必须清醒、深刻地认识到优化政务服务在便利企业和群众生产经营与办事创业、畅通国民经济循环、加快构建新发展格局中的重要支撑作用，认识到持续优化政务服务是建设人民满意的服务型政府、推进国家治理体系和治理能力现代化的内在要求。为此，政务服务综合窗口办事员必须坚持以马克思列宁主义、毛泽东思想、邓小平理论、"三个代表"重要思想、科学发展观、习近平新时代中国特色社会主义思想为指导，增强"四个意识"，坚定"四个自信"，做到"两个维护"，牢记工作使命，学习、继承并发扬中国共产党全心全意为人民服务的宗旨，坚持正确政治方向，自觉遵守国家法律法规，恪守政务服务综合窗口办事员的职业守则，自觉承担社会责任，做政治坚定、服务时代、业务精湛、作风优良、党和人民信赖的好帮手。

政务服务综合窗口办事员职业守则是从业人员必须遵守的规则，它属于职业道德范畴的外延，比职业道德更翔实、更具体、更具有操作性。

一、举止文明，服务热情

1. 举止文明与服务热情的内涵与关系

举止文明，是指政务服务综合窗口办事员在从业过程中的言谈举止应符合政务礼仪规范。服务热情，是指政务服务综合窗口办事员在提供政务服务过程中应态度积极、保持与人友善的心理状态和精神风貌。

热情服务是新时代职业道德规范的基本内容。举止文明是服务热情的重要表现，服务热情是举止文明的心理前提。热情服务信念要根植于心，文明举止要体现于行。

2. 举止文明、服务热情的具体要求

言谈举止是否文明和服务是否热情是政务服务对象衡量政务服务综合窗口办事员服务满意度的重要指标之一。政务服务综合窗口办事员要给服务对象留下"举止文明""服务热情"的好形象,展示出"全心全意为人民服务"的好形象,切勿给服务对象留下"门难进""脸难看""话难听"的坏印象。

在工作中具体要做到:

（1）**诚恳待人**。常面带笑容,保持开朗,营造和谐、融洽的氛围。

（2）**礼貌待人**。用语礼貌,多用敬语、谦语,如"您、请、谢谢、对不起"等,不说脏话、忌语。目视对方,适时点头、应答。

（3）**仪容仪表整洁庄重**。容貌修饰自然端庄,不过于张扬。面部保持洁净,头发梳理整齐。男士不留长发,不蓄长胡须；女士不烫怪异发型,化妆自然得体。

（4）**仪态端庄大方**。仪态包括坐、立、行、蹲以及身体的姿态、手势、待人接物的方式等。政务服务综合窗口办事员要神态自信,举止端庄,禁忌粗俗行为。

二、爱岗敬业，保守秘密

1. 爱岗敬业与保守秘密的内涵与关系

政务服务综合窗口办事员的工作性质和职责使其有接触秘密信息的机会。热爱本职工作,用恭敬严肃的态度对待自己的工作,尤其要用恭敬严肃的态度对待工作中接触到的"秘密"。

保守秘密,是爱岗敬业的一项重要的内容；保守秘密,是爱岗敬业的必然要求。

2. 爱岗敬业与保守秘密的具体要求

政务服务综合窗口办事员应保守的秘密不仅包括国家秘密,也包括服务对象的商业秘密、个人秘密,还包括工作中不能擅自公开的那一部分事项。保守秘密也是爱岗敬业的基本要义。政务服务综合窗口办事人员要准确识别国家秘密、商业秘密、工作秘密,按照国家法律法规政策的要求,合法利用秘密,依法依规保护秘密。具体要做到如下几点:

（1）主动学习关于保密的法律法规

具体包括《中华人民共和国保密法》《中华人民共和国保守国家秘密实施办法》及其配套法规及各级管理机构的保密守则。

（2）自觉履行保守国家秘密的公民基本义务

保守国家秘密是我国公民的基本义务。国家秘密一旦泄露，危害的是国家的安全和利益。政务服务综合窗口办事员在自己从事的工作中接触到国家秘密，掌握、使用涉密文件，均应遵守《中华人民共和国保守国家秘密法》《中华人民共和国国家安全法》的规定。

（3）自觉保护服务对象的商业秘密

《中华人民共和国反不正当竞争法》规定了商业秘密的法律特征。商业秘密的三个法律特征是：不为公众所知悉，即具有不为不特定的人所知的秘密性；能为权利人带来经济利益，即具有一定的经济价值；具有实用性，即商业秘密一定要具有现实的使用价值。政务服务综合窗口办事员要注意识别商业秘密，自觉保护服务对象的商业秘密，切勿故意或无意披露。

（4）注意防范工作秘密泄露

工作秘密是指机关、单位在履行职能过程中产生或获取的，不属于国家秘密，但泄露后会妨碍机关、单位履行职能或者对国家安全、公共利益造成不利影响的内部敏感事项。《国家公务员暂行条例》提出，国家工作人员除了要保守国家秘密之外，还要承担保守工作中不能擅自公开的那一部分事项的义务。工作秘密一旦扩散或公开，会给本单位工作造成被动和损害。政务服务综合窗口办事员虽身份不是公务员，但在保守工作秘密上需要参公管理。

三、操作规范，优质高效

1. 操作规范与优质高效的内涵与关系

规范，是约定俗成或明文规定的标准。操作规范，是指政务服务综合窗口办事员应按照既定规范严格操作。优质高效，是指政务服务综合窗口办事员应追求优秀的服务质量和较高的服务效率。

规范的形成过程，往往是综合以往工作经验、规避事故教训形成的集体智慧结晶的过程。按照规范行事，可以大概率地保证服务优质和高效。因而，一般而言，"操作规范"是政务服务"优质高效"的基础和前提，"优质高效"是操作规范所追求的目标。

但"操作规范"未必总能带来最高的"优质高效"，这就要求政务服务综合窗口办事员既要敬畏规范、遵守规范，也不要忘记尊重科学、实事求是，对工作方式进行改善和改进，达到更高层级的"优质高效"。

2. 操作规范、优质高效的具体要求

政务服务办事员在操作规范与优质高效方面应具体做到：

（1）在职业成长初期，要主动学习岗位所涉及的各种规范，严格遵守岗位所涉及的规范。规范既包括工作过程中涉及的相关行政法律法规，也包括《国家党政机关公文处理办法》等制度性文件，还包括工作单位、工作岗位中的具体工作规范（如政务服务综合窗口办事员礼仪规范、接待规范等），做一名心有敬畏、行为规矩的职业人。

（2）在职业发展成熟期，要善于总结工作经验，从事故中汲取教训，主动联系实际，以提供优质高效的服务为目标，改进工作方式，帮助制订或修订规范，扩大工作成果，帮助更多的同行提高工作效率和服务质量。

四、尽职尽责，服从安排

1. 尽职尽责与服从安排的内涵与关系

这里的"尽职尽责"有狭义和广义之分。狭义的尽职尽责，是指对自己岗位的工作而言要恪尽职守，绝不推诿扯皮、不催不办。广义的尽职尽责，是指坚决服从工作需要，做好"革命战士是块砖，哪里需要哪里搬"的心理准备，尽心尽力、不折不扣地履行自己的工作使命，包括对待临时性、突发性的工作安排，服从大局、服从指挥、尽心尽力。

服从安排是广义的尽职尽责的表现。"尽职尽责""服从安排"两项内容合起来是对新时代社会主义职业道德规范中"爱岗敬业""热情服务""奉献社会"的行动注脚。

2. 尽职尽责与服从安排的具体要求

我国能集中力量办大事，是亿万劳动者在党的领导下尽职尽责、服从安排创造出来的奇迹。政务服务综合窗口办事员将"尽职尽责""服从安排"的职业操守展示给服务对象，更容易将这种时代精神感染到服务对象，更容易在更大的范围形成建设新时代中国特色社会主义的蓬勃力量。具体应达到如下要求：

（1）工作到位，不缺位、不错位，尽心尽力、不折不扣地完成本岗位的工作，

（2）具有大局意识，服从工作需要，愿意完成临时性、突发性的工作任务，善于补位。

五、遵纪守法，廉洁奉公

1. 遵纪守法与廉洁奉公的内涵与关系

遵纪守法，是指政务服务综合窗口办事员要做模范学习国家的法律法规、党纪政纪等工作纪律、遵纪守法、用法普法的表率。廉洁是指不损公肥私，不贪污。廉洁是处理"公"与"私"关系的准绳。廉洁奉公，是指要一心为公，秉公用权，忠诚履行公职，不贪不腐。

法律是道德准则的最低限。遵纪守法是政务服务综合窗口办事员的最低限，廉洁奉公才是政务服务综合窗口办事员应该追求的慎独境界。政务综合窗口办事员带头遵纪守法，还可以润物无声地带动广大群众提高遵纪守法意识和法治观念，让法治精神融入人民群众的血液中，为建设法治社会作出自己的贡献。

2. 遵纪守法与廉洁奉公的具体要求

政务服务综合窗口办事员要慎独慎微，清清白白做人，干干净净做事，努力做一个高尚的人、一个纯粹的人、一个有道德的人、一个脱离了低级趣味的人、

一个有益于人民的人。可以参考的做法是：

（1）遇事一分钟底线思考

一分钟底线思考，是指作出决定前、开始行动前，要充分考虑违规、违纪、违法的后果，想清楚突破底线对自身、家庭、单位、社会、国家造成的打击和影响，确保不踩"红线"，不闯"雷区"，不碰"高压线"。

（2）恪守公私二者界限

在工作中，必须克制私心，以"该不该做"为指针，抑制自己不当的欲望，决不以权谋私。

（3）坚持法律、纪律、规章"三个遵循"

在工作中，必须依法依纪以规用权，谨记权力边界，不得越线妄为、滥用权力。

（4）构建"四种健康关系"

通过构建规规矩矩的上下级关系、清清爽爽的同事关系、清清白白的客户关系、朴实真诚的亲友关系，坚决抵制歪风邪气，保证关系正常化。

（5）将"五慎"（慎初、慎独、慎微、慎欲、慎终）贯穿工作始终

处理好公与私、欲与义、始与终的关系，自我警醒，干净做事，坦荡做人。

第二章

政务服务信息化基本知识

第一节 政务信息化相关知识

一、信息化

信息化的概念源于20世纪60年代日本学术界，后来转译为英文而渐入西方，西方社会在20世纪70年代后期开始普遍使用"信息社会"和"信息化"的概念。从20世纪90年代以来，信息技术尤其是网络技术的迅猛发展，使信息化引发广泛关注。信息化掀起了时代大趋势，信息化程度已被视为国家现代化水平和综合国力的重要表征。

信息化是指在国民经济各部门和社会活动各领域中普遍应用先进的信息技术，培育、发展以智能化工具为代表的新的生产力，使之造福于社会，从而极大地提高社会劳动生产率和工作效率，并改善人民的物质和文化生活质量。

二、政务信息化

政务信息化是指为了适应信息时代的到来，运用信息技术、通信技术、网络技术以及办公自动化技术等现代信息手段，对传统的政府管理和公共服务进行改造,从而大大提升政府管理的有效性,满足社会以及公众对政府公共管理和公共服务的期望,促进社会经济的发展。政务信息化有别于国民经济信息化、社会信息化、企业信息化,是国家信息化体系建设中的关键。电子政务实际上是政务工作信息化,是数字政府的动态运行过程与活动方式。

三、政务服务信息化

政务服务信息化是指政务服务部门通过信息化渠道或手段提供政务服务的过程和结果,即政府转变工作理念,树立"以公众需求为中心"的管理思想,充分利用信息技术,开发、利用、整合政务服务资源,实现为公众提供更加全面、及时的政务服务的过程和结果。政务服务信息化的实践形式多种多样,其中电子政务是实现政府职能转变、提供政务服务的重要工具。我国在电子政务建设取得一系列成就后,开始着重推进政务服务信息化,进一步加快实现政府职能的转换。

四、互联网+政务服务

"互联网+政务服务"是指各级政务服务机关运用互联网、大数据、云计算等技术手段,构建"互联网+政务服务"平台,整合各类政务服务事项和业务办理等信息,通过网上大厅、办事窗口、移动客户端、自助终端等多种形式,结合第三方平台,为自然人和企业法人提供线上线下相结合的政务服务。其显著特征是政务服务同互联网思维、信息技术、数据资源等创新要素的有机结合,互联网环境下政府与社会的广泛互联,政务服务内容、形式的不断融合创新,政府管理模式和政务服务流程的持续优化再造。2015年政府工作报告中首次提出"互联网+"行动计划,由此"互联网+"上升为国家战略。2016年3月,《中华人民共和国国民经济和社会发展第十三个五年规划纲要》正式发布,提出实施网络强国和国家大数据战略,推广"互联网+政务服务",全面推进政务公开。

五、政务信息化发展趋势

1. 大平台、大数据、大系统

构建一体化政务治理体系，将成为较长一个时期指导我国政务信息化建设的发展蓝图。它不仅要求把政务服务通过网络平台便捷化，更要求政务服务也要具备互联网思维标准化的程式、规范，按照互联网的特点和规律去思维，即开放、平等、互动、协作、共享，在此基础上还要重视用户需求、行业规范及质量标准。

2. 智慧政务标准化总体趋势

（1）数字政府、智慧政务一体标准化

数字政府建设的重要基础就是行政审批标准化。通过将行政审批标准嵌入网上办事大厅审批系统，实现自动化、智能化全流程行政审批，做到审批过程痕迹全记录、过程全部可追溯、差错全部可纠正、责任全部可追查。

（2）数字政府业务逻辑

通过政务中心、基层延伸服务中心的多级联动，实现科技、人文、绿色、特色、统一的五星级"大厅"——统一的 VI 形象、统一的引导服务、统一的服务氛围、统一的服务标准。秉承"放，减事项，放事权"，"管，事中辅，事后导"，"服，五星，到家"的核心思想，贯彻"一中心五到位"的行动纲领，以政务便民惠企为中心，落实人到位、大厅到位、"互联网+"到位、数据到位、文化到位。

3. 人、厅、文化、互联网、数据的五星级到位

通过政务服务的全面互联网化、信息共享，实现企业、公民、审批部门、窗口人员满意的网上预审 + 申报 + 收件方式选择 + 实施部门审批 + 评价等全程办理，实现物流到家、就近可办的五星体验。一方面，在政务内部管理上，实现人、厅、文化、互联网、数据的五星级到位；另一方面，通过内部管理五星到位，推动政务服务体系的全新升级，实现以政府为中心的政务办服务机构，省、市、县（区）级政务服务服务中心，乡镇（街道）级便民服务中心，村（社区）级便民服务站五星级联动。在内部管理五星级到位、外部服务五星级联动的基础上，借助"互联网+"先进技

术,实现办事群众7×24小时随时随地、线上线下、智能到家的五星级体验。

4. 少投入、大产出、强服务

用最少的资源,获得最大的产出,提供最好的服务。以全面提升政务服务的服务力、业务力、"互联网+"力为宗旨,通过政务服务人才梯队建设、职能划分、精细化管理,扩大帮办人员的职能为主动上门提供VIP服务,全面助力政务服务精准升级。

5. 向购买整体服务方式转变

常规的政务服务改革解决方案将向购买整体服务方式转变。政务服务定制式整体外包包括咨询服务、整体方案、信息系统、智能装备、高素质窗口全科受理人员和代办队伍,是一套标准化、专业化、职业化、集约化的模式。

要实现这些目标,就必须做到以下"六个转变":

(1)由各自为政向综合转变

在对外服务方面,让群众感觉到政府是一个整体,即"一窗对外";在内部建设方面,推行集成服务和集约建设,建设"大平台、小前端、微政务",避免重复建设和分散建设。

(2)由封闭向开放转变

通过整合联动的一体化平台,实现政务服务流程的公开化、透明化、标准化,实现"政民互动",群众、企业可以对政府部门、政府工作人员、中介服务人员的服务进行"好差评"评价,建设开放、廉洁、高效的"阳光政府"。

(3)由单一部门向多个部门联动协同转变

从整体政府的视角来推动政务服务流程再造,建设统一的协同办公信息平台,实现多部门协同和扁平化管理,提高政府运作效率效能,降低政府运作总成本。

(4)由单向被动向双向互动转变

实现政民互动,使政府部门更加了解民意,敏锐掌握社情民意的需求,改善政务服务水平,提升政府亲民形象。

(5)由管理向服务转变

从群众体验的角度,推动服务供给侧改革,提升服务型政府的能力。

（6）由采购信息化工程向购买服务转变

改变当前政务信息化项目建设存在的"建成即落后"、后续资金投入缺乏保障、系统无法得到持续改进升级等种种弊端，通过购买服务模式，以"按年度付费""按功能付费""按用户评价付费"的方式，促使服务供应商必须持续改善服务水平，这种改革将既有效节约资金又提升服务质量。

第二节 常用政务服务信息化设备

一、排队取号机

排队取号机（图2-1）简称"取号机"，是一种能够有效避免办事人员长时间排队、便捷取号的机器。排队取号机分为有线排队取号机和无线排队取号机，办事大厅通常使用的是有线排队取号机。办事人员在前往办事大厅办理业务前，可以先在微信公众号、App或者自助机平台上预约，生成二维码。之后到办理现场凭网上预约生成的二维码或者身份证到取号机取号，取号机会自动生成并打印序号小票。如果没有预约，办事人员也可以直接到政务大厅现场通过取号机取号，操作触摸屏选择办理业务，生成并打印序号小票，小票上面有号码、窗口号、当前等候人数、办理时间段、办理的业务类型等。

二、智能排队叫号机

智能排队叫号机简称"叫号机"（图2-2），是与排队取号机配合使用的一种自助服务终端。工作人员根据现场办事人员的等待办理情况通过叫号机叫号，办事人员则根据所在现场取到的号码依次进行事项办理。智能排队叫号机能够很好地解决办事人员在办理业务中所遇到的排队、等候、拥挤和混乱等现象，创造舒适、公平、友好的等候环境。

第二章 政务服务信息化基本知识

图 2-1 取号机

图 2-2 叫号机

三、叫号显示器

叫号显示器（图 2-3）是整个排队叫号系统的显示终端，一般使用液晶电视（LCD）、等离子显示器（PDP）、LED 显示屏、CRT 显示器、多屏幕拼接显示墙等显示设备。叫号显示器通常安置在办事窗口上方，显示叫号机叫到的号码，方便办事人员了解当时办理业务的进度。

图 2-3 叫号显示器

四、评价器

评价器（图 2-4）是一款主要应用于综合窗口等服务性行业的评价反馈设备，通常与窗口自助机、排队叫号系统结合使用。办事人员办理完事项后工作人员进入用户评价页面会调出评价器，办事人员可以对办理事项或者窗口服务人员进行评价。同时评价器也和网上综合窗口服务系统进行数据对接，方便进行数据采集与分析，以进一步提高服务质量。

图 2-4 评价器

五、高拍仪

高拍仪（图 2-5）也称速拍仪，是一款超便携的低碳办公用品，也是一款办公领域革新性产品，分为个人使用、企事业单位或政府部门使用高拍仪。它采用折叠式的超便捷设计，能完成一秒钟高速扫描，具有 OCR 文字识别功能，可以将扫描的图片识别转换成可编辑的 Word 文档，还能进行拍照、录像、复印、网络无纸传真、制作电子书、裁边扶正等操作。在办公低碳环保方面，因为整个操作过程具有不产生纸张的消耗、超静音操作等特点，高拍仪在办公应用中备受欢迎。此外，它还可以促进整个办公流程的改造升级。高拍仪能够更加快速准确地完成大量文档的电子化转档处理，即快速完成各类文档的扫描并存储，使文档处理更加便捷。高拍仪具有丰富的软件功能，能够加快办公流程中的文档控制，减少文档损坏。特别是对需要进行身份信息验证、IC 卡识别的岗位来说，能够更好地保证工作质量与效率。

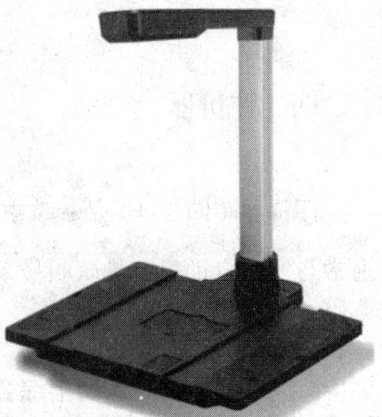

图 2-5 高拍仪

六、互动双屏

互动双屏（图2-6）是政务服务大厅常见的一种双向导视系统，通过与内部业务系统无缝对接，可实时在液晶屏上显示政务相关数据，实时展示综合窗口服务人员办理业务全过程，使办理流程公开化、透明化。同时，政务部门根据政策梳理、编制的帮助企业、群众的市、区、镇（街）、村（居）四级网上办事指南，在保持政策严肃性的基础上，通过软文、漫画、视频等方式，将有关内容的特点、重点、难点有针对性地在互动双屏上展示。互动双屏还支持办事人员通过扫描二维码的方式进行投诉，同时要求工作人员接诉即办，办理过程中公开工作人员身份、工作岗位、岗位等级、服务承诺、监督电话等信息，展示综合窗口服务人员的操作全过程；附带相关政务服务网站式公众号链接，方便办事人员查询当前办件进度。

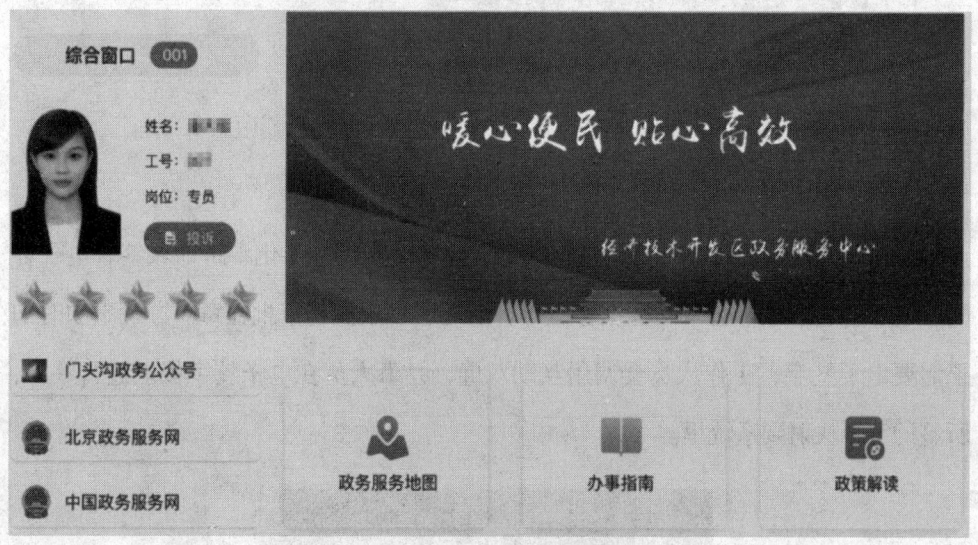

图2-6 互动双屏

七、自助服务终端

多功能无障碍自助服务终端（图2-7）提供多个部门的行政事项申请，以及社保、个人税务、不动产等其他事项查询、办理，可一站式解决问题，尽量让办事人员只跑一次或全程网办。政务大厅建有"一网通办"自助服务区，主要为申请人提供网上注册、网上登录、网上预约、网上申请、网上查询、网上办理及自助打印复印等智能服务，推动企业和群众常办的高频事项"一网通办"，达到"只进一扇门""最多跑一次"的服务质量，实现就近自助办、门口自助办、终端自助办、移动自助办等。

图 2-7　自助服务终端

八、电子签字板

电子签字板（图 2-8）支持任何场景的印章/签字电子化、跨地域签署电子合同、电子签名、电子公章、数据存证等，能够实现全流程审批盖章。办理事项时如果需要电子签字，工作人员会调用互动双屏，办事人员在电子签字板上进行签字，所签的字会映射到系统里。

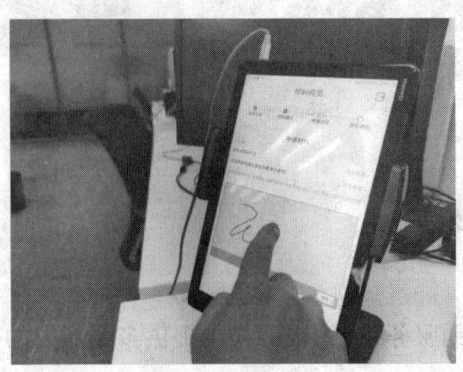

图 2-8　电子签字板

第三章

公务活动基本知识

第一节 礼仪知识

一、仪容、仪表要求

1. 概述

仪容，通常是指人的外观、容貌，由发式、面容以及人体所有未被服饰遮盖的肌肤所构成，是个人仪表的基本要素。

仪表，通常是指人的外表形象，包括身材、容貌、姿态、服饰及个人卫生等，是人精神面貌的外在表现。

2. 个人仪容仪表

（1）发型

发型需保持清爽、清洁，发色以黑色或深棕色为宜。女士的刘海碎发应用黑色发夹或发胶整理整齐，且不过眉。过肩长发需整齐束起盘于脑后，发髻高度在耳部中间位置。男士发型需保持前发不遮眉、侧发不过耳、后发不盖领，不得剃光头。

（2）面部

面部要求干净无异物。男士胡须要剃净，不留胡子。女士可淡妆上岗，不能浓妆艳抹，避免使用气味浓烈的化妆品。

（3）手部

手部要求清洁，无文身，不留长指甲，女士不涂颜色鲜艳的指甲油。

（4）着装

统一穿着制服，服装保持干净整洁，无褶皱、无污渍、无破损、无脱线、无脱色染色，暂时达不到统一着装条件的应着西装或职业套装。

1）纽扣需齐全并扣好，衣袋和裤袋内不装鼓胀物品，不翻卷袖口或裤脚，内衣领口、下摆、袖口等不外露。

2）别针式工作胸牌应统一平整地别在外衣左胸前上方，挂脖式工作牌统一居中佩戴，有照片的一面朝外展示。

3）党徽应佩戴在外衣左胸前上方位置。党徽若与其他徽章同时佩戴，应将党徽置于其他徽章正上方1～3厘米处。

（5）鞋袜

工作时间要统一穿黑色皮鞋，并保持皮鞋光亮、洁净，鞋面不可有夸张装饰。袜子以深色为主。女士穿西裙时，须穿着与肤色相近的长筒丝袜，丝袜需平整，无勾丝和破洞。

（6）饰品

工作期间可以佩戴手表及一枚戒指，女士只可戴简单的耳饰。

二、政务服务礼仪

1. 概述

政务礼仪，是指国家公务机关和相关事业单位在内部沟通交流及对外服务与社会接触时的礼仪。其本质是通过系统的交流原则与技巧，维护机关、单位的形象，拉近双方的距离，在使工作顺利进行的同时提升人民群众的满意度。

2. 政务礼仪分类

（1）电话礼仪

1）接听电话

①与服务对象交谈时应当口齿清楚、条理清晰、言简意赅、用语文明，应当

使用普通话。

②接听服务对象的电话时应当使用文明用语,例如:"您好,政务大厅××窗口。""您有什么事?""我能转达吗?""请稍等一下。""请您再说一遍。"

2)拨打电话

①打电话前要做好充分准备。确认拨打电话对象的姓名、电话号码,准备好要讲的内容、说话的顺序和所需要的资料、文件等,明确通话所要达到的目的。

②注意通话时间,尤其避免在午休或下班时间拨打电话。

③注意语气温和,面带微笑,声音清晰、有礼貌。

④不要急于在电话中承诺事情或是做决定。

⑤通电话的同时做好记录。

⑥在通电话时,此时若有急事须与同事交谈,应使用书面方式。

⑦通电话时,如果发生掉线、中断等情况,应由打电话方重新拨打。

(2)会议礼仪

会议现场是公务活动中影响最大的公众场合之一,政务人员在出席会议时的表现,在很大程度上代表了自己的公众形象,同时还关系着人民群众对政府机关的看法。因此,在参加会议时必须符合以下礼仪规范,端正工作作风。

1)参会着装礼仪。凡是国家行政机关举办的会议,都有很强的礼仪色彩。因此,政务人员在正式与会时,务必对自己的穿衣打扮多加注意。一般情况下在出席大型会议时,尤其是在主席台上就座或有可能发言、主持会议时,切勿随便穿着夹克衫、无袖衫、健美裤等休闲场合所穿着的衣服。在参加会议时应该选择深色的套装,女士要选择套裙或是款式保守、色彩庄重的长裙、长裤,以显示自己的端庄和职业化。

2)参会纪律要求

①准时到场。政务人员出席正式会议时,应自觉遵守时间规定,准时到场,不得无故迟到、缺席。

②服从指挥。进入会场后,要按照会议组织者的安排入座。不要随意就座、随意走动,更不要在未经主持人允许的情况下随意发言。

③专心听讲。参加会议时，每一名政务人员在会场上都要自觉专心听讲，以便全面、准确理解、掌握会议精神。在他人发言期间，要尽量减少不必要的动作，不要摇头晃脑、指指点点、读书读报、接打手机、反复看表等。

④善始善终。会议结束前，一般不能随意离席。若有紧急事情需要离开，时间较短时应注意不影响其他与会者；如果时间较长或者需要提前离开，应向有关人员说明原委，并表示歉意。

3）参会退场礼仪。在会议结束离开会场时，要听从会议组织者的指挥，有序离开会场。

（3）语言礼仪

1）规范服务"八声"

①见面招呼有问候声。

②提供服务有问询声。

③对方配合有感谢声。

④言行怠慢有致歉声。

⑤对方询问有应答声。

⑥对方不安有劝慰声。

⑦对方赞扬有辞谢声。

⑧对方离开有告别声。

2）良好沟通"五原则"

①凡是客户说话，必要聆听回应。

②凡是客户提问，必要明确解答。

③凡是客户不满，必要主动道歉。

④凡是提问客户，必以"请问"开头。

⑤凡需客户配合，必以"请您"表述。

（4）政务会见礼仪

1）来有迎声，问有答声，走有送声。

2）在待人接物中始终保持饱满的情绪、充沛的精力。

第二节　行为举止知识

一、行为规范

1. 接物递物规范

递物时应双手呈上，待办事人员接拿平稳后再松开，双手递物或接物体现出对对方的尊重。如果东西太小不必用双手时，一般用右手递接物品。递交物件，如文件等时，要把正面和文字朝着对方的方向递上去；如是钢笔，要把笔尖朝向自己，使对方容易接收；如是刀子或剪刀等利器，应把刀尖朝向自己。

2. 禁止行为

（1）禁止旷工或窗口缺位。

（2）禁止在电脑上打游戏、看股市、看娱乐视频、网上聊天、听音乐以及做其他与工作无关的事情。

（3）禁止在工作时间打扑克、下棋及搞其他娱乐活动。

（4）禁止迟到早退。

（5）禁止在大厅吵架。

（6）禁止工作时间在综合服务窗口讲粗话和脏话，禁止大声喧哗、嬉闹、串岗、扎堆聊天。

（7）禁止工作时间在综合服务窗口看与工作无关的书籍、报刊等。

（8）禁止综合服务窗口工作人员不挂牌上岗。

（9）禁止在大厅内吸烟、用餐、吃零食。

（10）禁止带小孩或无关人员上岗。

二、接待服务对象语言规范

（1）接待办事人员应当使用文明用语，如："您好，您要办什么业务？""请您

到××窗口办理（指明准确位置）。"

（2）为办事人员办理业务应当使用文明用语，如："请稍等！""请填写××。""请您听我详细解释，好吗？""请到××窗口缴费。""您的手续已办好，请核对。""请保管好您的资料。""请您×月×日来领取证照。"

（3）办事人员离开时应当使用文明用语，如："请慢走！""再见！""谢谢您的合作！"

（4）办事人员提出意见或建议时应当使用文明用语，如："谢谢您，欢迎您监督和帮助。"

（5）受到办事人员表扬时应当使用文明用语，如："没关系，这是我们应该做的。"

三、政务人员工作规范

1. 服务规范

要主动热情接待，办事人员咨询有关事项或递交申报材料时，应站立回答或接件。

2. 服务原则

对待办事人员必须做到"五个一样"，即受理、咨询一样热情，生人、熟人一样和气，干部、群众一样尊重，忙时、闲时一样耐心，来早、来晚一样接待。接待时做到"三声"，即来有迎声、问有答声、走有送声。

3. 服务准则——微笑三结合

（1）与眼睛结合

当人微笑的时候，眼睛也要"微笑"，否则，就会给人"皮笑肉不笑"的感觉。眼睛是心灵的窗户，眼睛会说话也会笑。如果内心充满温和、善良和友爱时，眼睛的笑容就一定非常感人。眼睛的笑容有两种：眼形笑、眼神笑。

（2）与语言结合

平时工作中不要光笑不说，或者光说不笑。当与办事人员交流时，应微笑着说："早上好！""您好！""欢迎光临！"

（3）与身体结合

肢体语言也是传递信息的一个重要方面。微笑与正确的身体语言相结合时才会相得益彰，给办事人员以最佳的印象。要使用正确、适宜的身体语言。

第三节 政务人员服务心理学

一、服务心理学发展的学科背景

服务心理学是一门新兴的应用型学科，它是把心理学的相关原理、研究方法以及研究成果运用到现实服务活动中，并对消费、服务现象进行分析、研究而产生的一门学科。本节主要研究政务相关人员的服务心理学。

1. 普通心理学

普通心理学是心理学的主干分支学科，以一般正常成人的心理现象及其基本规律作为研究对象。普通心理学把个人身上所发生的心理现象分成心理动力、心理过程、心理状态和心理特征四个方面，并研究它们的联系与相互作用。

2. 社会心理学

社会心理学是研究人的社会或文化行为发生、发展、变化的过程及其规律的一门科学。社会心理学的主要研究内容包括社会认知、社会动机、社会沟通、社会态度、人际关系等。

3. 管理心理学

管理心理学是在心理科学日益壮大与管理科学逐渐成熟的基础上产生、形成、发展起来的一门应用型学科，它是服务心理学发展的基础和开端。管理心理学重点研究组织中的个体、群体以及组织之间的心理关系，为提高组织生产力提供心理依据。

二、现代心理学的三大理论学派

1. 行为主义心理学

行为主义心理学派否定以研究意识为出发点的传统观点,主张研究行为,重视实验的作用。行为主义以动物实验为基础,通过改变环境(刺激)来改变动物的行为,认为通过强化刺激可以形成行为习惯,其中最著名的实验有"巴甫洛夫的狗""桑代克的猫"和"斯金纳的箱子"。

2. 精神分析心理学

精神分析理论曾对20世纪的人类文化产生巨大影响,其中最著名的代表人物是奥地利心理学家弗洛伊德。弗洛伊德是从事心理治疗起家的,是经典精神分析心理学派的创始人。其主要观点是:心理上的病态是人的本能冲动被压抑的结果,主张应通过分析破译梦的含义去寻找治疗的方法;强调行为的原动力是人的本能欲望冲动的结果,主张治疗不应使用压抑或放纵的方式。

3. 人本主义心理学

人本主义心理学兴起于20世纪五六十年代的美国,由心理学家马斯洛创立,代表人物为罗杰斯。人本主义心理学研究的主题是人的本性及其与社会生活的关系。他们强调人的尊严和价值,反对心理学中出现的人性兽化倾向,主张心理学要研究对个人和社会进步富有意义的事情。人本主义和其他学派最大的不同是特别强调人的正面本质和价值,而并非集中研究人的问题行为,并强调人的发展和成长,即自我实现。

三、服务中的人际关系与交往要诀

1. 服务中的人际吸引要素

人际吸引是人际间彼此对对方行为倾向作出肯定评价以及感情上的喜欢。常见的吸引因素有以下几种。

（1）仪表吸引

身材、长相、神态、风度等因素综合为人的仪表。仪表吸引，即"第一印象""先入为主""一见钟情"等，这方面对人际交往会产生很大影响。

（2）相似性吸引

相似性吸引，是指因个人特征，如年龄、态度、信念、价值观、文化背景、兴趣、爱好、背景、能力等因素的相似具有的吸引力，如同乡、同一组织内部的人员。

（3）需要互补吸引

人际双方要达到一定的目的、满足一定的需要，满足就是一种奖励。

（4）异性吸引

性别上能相补相悦，也称互悦，是指男女双方在一起能自然产生轻松愉快、互相接纳的感受，这种迷蒙的快感使异性间相互吸引，焕发人的精神，促使工作效率提高。

2. 服务交往心理要诀

与对方沟通交流时，要使用恰当的人际沟通方式。沟通的方式一般分为正式沟通与非正式沟通（组织）、横向沟通与纵向沟通、书面沟通与口头沟通、单向沟通与双向沟通。常用的方法有：

（1）言语沟通

言语沟通的原则是：言不在多，达意则灵（准确、恰当）；符合特定的交往环境，应因人、因地、因时、因事制宜。

具体技巧有：使用服务用语（对不起、别客气、谢谢、您好、再见）；使用适当的声调，使对方来时获得一种喜悦心情，别时获得一种惜别之情（亲切、热情）。

（2）非言语沟通

有人认为非言语沟通占整个沟通的65%，也有"55%表情+38%声音+7%言语"之说。

非语言沟通是通过非语言途径所呈现的信息，包括面部表情、目光接触、身体语言、服饰打扮、触摸等。

1）面部表情。面部表达的内心信息是所有非言语行为中最丰富和最细腻的。面部表情具有跨文化的共同性，即使文化氛围不同，但是基本的情绪表达方式是相同的。

2）目光接触。有些人的目光是比较和蔼的，有些人的目光看得让人发毛，有些人的目光暗送秋波，有些人的目光眉目传情。人们常说，给他一个眼神，他就知道要干什么了。

3）身体语言。身体语言包括手势、姿势以及动作。如交通警察在红绿灯路口指挥的时候就是使用手势，点头哈腰、环抱手臂、身体向前倾等身体姿势。

4）服饰打扮。不同的服饰代表了不同的身份信息，也代表了不同的文化属性。每一种服饰打扮也代表了不同的语言信息。要因地制宜，在什么场合穿戴什么样的衣服。

5）触摸。人类的皮肤是身体的边界，在这种边界下，有些文化属性是不能触碰对方的皮肤的，有些文化是可以的。比如长久不见的朋友来个大拥抱，在经历长久的艰难之后彼此之间来个紧紧地拥抱。这些就是一种触摸接触。

四、服务人员心理健康的自我调节

1. 树立正确的人生观和公仆意识

正确的人生观反映着个体对社会和人生的根本观点和态度。为人民服务的人生观和公仆意识是最高的社会道德情感。这种道德情感可使人超越狭隘、自私、功利，超越个体与社会的矛盾。只有这种道德情感才能使人超越和拯救心灵的痛苦，才能成为一个心理健康的人。

2. 调整目标期望，避免产生过分失望情绪

对服务人员而言，面对一个新的目标或障碍一般有以下四种方式：

（1）通过积极努力，克服障碍，使目标得以实现。

（2）认为阻力太大，努力后仍难达到目标，因此采取迂回曲折方式尽力来实现目标。

（3）寻求替代性的目标，放弃难以实现的既定目标。

（4）采取退缩、压抑、逃避等手段对待目标。

前三种方式，目标虽然能够实现或部分实现，但服务人员因为实现目标需要长期付出艰辛努力，有时也会因心理过度疲惫而对以后的目标调适产生一定的心理障碍；第四种逃避的方式实际是一种失败的方式，挫折感和无助状态将导致严重的心理障碍，使人焦虑、忧郁。

3. 学会排泄不良情绪，减轻心理负担

服务人员面对日常繁杂的工作，常会产生愤怒、压抑、紧张的情绪，这时应注意及时排遣，以避免日久产生不健康心理。

4. 用自我暗示获得良好心境

自我暗示是科学地利用潜意识来改变自我形象的心理学技巧。其方法是在身心松弛的状态下，重复想象想达到的目标。这种自我暗示是潜意识中对自我的肯定，通过暗示的方法使自己压抑的心理得到平衡，为获得健康的心理创造良好的条件。

5. 保持良好的生活习惯

推行良好的生活习惯，如今已成为人类生命观的第二次革命。作为服务人员，面对繁重的工作和种种压力，只有保持有规律的生活和良好的习惯，才会心情舒畅。具体来说，要不吸烟、不酗酒，要吃早餐，要有足够睡眠，要锻炼身体、控制体重。劳逸结合、营养均衡、舒适规律的生活不仅会使自身感到畅快，同时也会给家人及身边的人带来快乐。

第四章

公文写作基本知识

第一节　公文基础知识

一、公文概述

1. 公文的概念

公文，即公务文书。公文有广义和狭义之分。广义上的公文是指国家机关或其他社会组织在处理公务过程中形成并使用的具有法定效力和规范体式的文书。狭义上的公文主要是指党政机关实施领导、履行职能、处理公务时所使用的文书。

2. 公文的特点

（1）权威性和政策性

首先，由法定的作者制成和发布。其次，无论是事实、数字还是各种意见、结论，一旦进入正式公文，就不能任意更改、解释、否定。最后，公文是机关、团体、组织的意图，是其开展工作的依据。公文是党政机关根据法定的权限和职责，对特定问题和工作作出的权威性看法、意见和要求，公文可以用来传达政策、解决问题和推动工作，具有法定的效用。

（2）针对性和指导性

公文是根据现实需要，为解决某个特定问题和指导某项工作而制定，是针对具体的任务、工作、事项、要求作出的安排。

（3）规范性和约束性

公文具有特定的体式，其文体、结构、行文规则、办理流程、用纸的尺寸、文件标记都有统一的规定。公文发布后，必须严格遵守和执行，不可随便变更。

（4）程序性和严密性

公文的撰写和处理，从起草、成文到收发、传递、分办、立卷、归档、销毁等，都有一套规范化的制度和流程，办理程序严密。

（5）对应性和定向性

公文行文必须依据隶属关系和职权范围确定，由什么单位制发，哪一级制发，有具体、明确的对应关系和特定的发文对象等。

3. 公文的作用

（1）法规作用

载明、申明法律、法规及其他有约束力的内容。

（2）指导作用

传达上级机关的命令、意图，指挥、指导工作。

（3）宣传作用

宣传道理、阐明意义，进行宣传、教育、动员、启示。

（4）联系作用

交流情况，沟通信息，在上下级、平行和互不隶属机关间互通情报。

（5）凭证作用

公文是联系工作事项和开展公务活动的书面依据，立此存照，其效力可突破时空限制，而且精确无误。

（6）史料作用

真实记载当时的活动，归档后成为可靠的史料。[1]

---

[1] 熊武一，周家法. 军事大辞海·上 [M]. 北京：长城出版社，2000：443.

二、公文的种类

1. 公文的文种

在《党政机关公文处理工作条例》(中办发〔2012〕14号)中规定,党政机关公文主要有15个,即决议、决定、命令(令)、公报、公告、通告、意见、通知、通报、报告、请示、批复、议案、函、纪要。

决议:适用于会议讨论通过的重大决策事项。

决定:适用于对重要事项作出决策和部署,奖惩有关单位和人员,变更或者撤销下级机关不适当的决定事项。

命令(令):适用于公布行政法规和规章、宣布试行重大强制性措施、批准授予和晋升衔级、嘉奖有关单位和人员。

公报:适用于公布重要决定或者重大事项。

公告:适用于向国内外宣布重要事项或者法定事项。

通告:适用于在一定范围内公布应当遵守或者周知的事项。

意见:适用于对重要问题提出见解和处理办法。

通知:适用于发布、传达要求下级机关执行和有关单位周知或者执行的事项,批转、转发公文。

通报:适用于表彰先进、批评错误、传达重要精神和告知重要情况。

报告:适用于向上级机关汇报工作、反映情况,回复上级机关的询问。

请示:适用于向上级机关请求指示、批准。

批复:适用于答复下级机关请示事项。

议案:适用于各级人民政府按照法律程序向同级人民代表大会或者人民代表大会常务委员会提请审议事项。

函:适用于不相隶属机关之间的商洽合作、询问和答复问题、请求批准和答复审批事项。

纪要:适用于记载会议主要情况和议定事项。

2. 公文的分类

按行文方向，可分为上行文、下行文、平行文。

按时限要求，可分为特急公文、加急公文、常规公文。

按机密程度，可分为绝密公文、机密公文、秘密公文、普通公文。

三、行文规则

1. 一般规则

（1）行文要求

行文关系根据隶属关系和职权范围确定，一般不得越级行文，特殊情况需要越级行文的，应当同时抄送被越过的机关。党政机关的行文方式主要有逐级行文（最常见的行文方式）、越级行文（上级不作为、上级违法犯罪或上级直接指定下级向自己行文等情形出现时才可以越级行文）、多级行文（为了加快公文传递）、直接行文（不相隶属机关之间行文时采用，如函的发送）等。

（2）行文关系

上级机关对下级机关可以作指示、布置工作、提出要求；下级机关可以向直接的上级机关报告工作、提出请示，上级机关对请示事项应予以研究答复。

2. 上行文规则

上行文原则上主送一个上级机关，根据需要同时抄送相关上级机关和同级机关，不得抄送下级机关。上行文要避免多头主送，所以在写上行文时，主送机关只有一个，但是可以抄送其他机关。除上级机关负责人直接交办事项外，不得以本机关名义向上级机关负责人报送公文，不得以本机关负责人名义向上级机关报送公文。

下级机关的请示事项，如需以本机关名义向上级机关请示，应当提出倾向性意见后上报，不得原文转报上级机关。党委、政府部门向上级主管部门请示、报告重大事项，应当经本级党委、政府同意或者授权；属于部门职权范围内的事项应当直接报送上级主管部门。请示应当一文一事。不得在报告等非请示性公文中夹带请示事项。请示和报告的区别主要有三点：

（1）请示应一文一事，报告可一文一事，也可一文数事。

（2）请示需上级回复，报告不需上级回复。

（3）请示需事前行文，报告可事前行文、事中行文、事后行文。

3. 下行文规则

党委、政府的办公厅（室）根据本级党委、政府授权，可以向下级党委、政府行文，其他部门和单位不得向下级党委、政府发布指令性公文或者在公文中向下级党委、政府提出指令性要求。主送受理机关，根据需要抄送相关机关。重要行文应当同时抄送发文机关的直接上级机关。

需经政府审批的具体事项，经政府同意后可以由政府职能部门行文，文中须注明已经征得政府同意。内设机构除了办公厅（室）外不允许对外行文。涉及多个部门职权范围内的事务，部门之间未协商一致的，不得向下行文；擅自行文的，上级机关应当责令其纠正或者撤销。

第二节　公文格式要求

一、公文的格式

公文格式遵循准确规范、完整美观、合理适用等原则。公文写作与其他写作最大的区别在于格式的规范性，格式准确是公文写作最基本的要求。撰写公文必须严格遵守公文的格式要求，从语言到内容，从格式到语体均不能自行其是。公文格式的组成部分较多，如公文的标题、主送机关、正文、落款。每个文种所需要参照的格式各不相同，要根据公文的需要分别对待、合理使用，如签发人、密级、紧急程度、附件、附注等。在进行公文写作时，应根据需要遵循合理、适用的原则。

具体来讲，公文用纸采用A4纸，标题一般用2号小标宋体，正文用3号仿宋体。发文字号由发文机关代字、年份和序号组成。发文机关标识下空2行，用3号仿宋体字，居中排布；年份、序号用阿拉伯数码标识；年份应标全称，用六角括号（〔〕）括入；序号不编虚位（即1不编为001），不加"第"字。

上报的公文需标识签发人姓名，平行排列于发文字号右侧。发文字号居左空1字符，签发人姓名居右空1字符；签发人后标全角冒号，冒号后用2号楷体字标识签发人姓名。如有多个签发人，主办单位签发人姓名置于第1行，其他签发人姓名从第2行起在主办单位签发人姓名之下按发文机关顺序依次顺排，同时应使发文字号与最后一个签发人姓名处在同一行。上报的公文涉及具体事项需要确定联系人的，还要确定联系人。联系人姓名和联系方式置于正文结束后下一行，空2字符。

公文如有附件，在正文下空1行、左空2字符，用3号仿宋体字标识"附件"，后标全角冒号和名称。附件如有序号须使用阿拉伯数字（如："附件：1.××××"）；附件名称后不加标点符号。附件应与公文正文一起装订，并在附件左上角第1行顶格标识"附件"，有序号时标识序号，附件的序号和名称前后标识应一致。

公文如有抄送，左空1字符，用3号仿宋体字标识"抄送"，后标全角冒号。抄送机关间用顿号隔开，回行时与冒号后的抄送机关对齐，在最后一个抄送机关后标句号。公文一般不抄送给领导个人。

二、行文要求

1. 公文的作者

公文的法定作者是指依法成立并能以自己的名义行使职权和担负义务的机关或组织。撰写和制发公文不是个人行为，所代表的是机关或组织，因此，它的内容受法律、工作需要和领导人指示的制约，其法定作者制发公文的权利和名义受法律的保护。需要注意的是，在机关中起草公文的工作人员和签发公文的领导人都不能称为公文的作者。

2. 文头

文头是通俗的说法，是指公文页面的眉首部分。公文的眉首部分包括公文份数序号、秘密等级和保密期限、紧急程度、发文机关标识、发文字号、签发人等项。

3. 份号

份号，即公文份数序号。将同一文稿印制若干份时，每份公文的顺序都会有编号。如果需标识公文份号，应用阿拉伯数字顶格标识在版心左上角第1行。

4. 密级

密级是指公文的秘密等级。涉及国家秘密的公文应当标明密级和保密期限，其中绝密、机密级公文还应标明份号。如果需要同时标识秘密等级和保密期限，它们之间用"★"号隔开。

5. 紧急程度

紧急程度是指对公文送达和办理的时间要求，分为特急、加急和常规。紧急程度要顶格标识在版心右上角第2行。

6. 发文机关标识

发文机关标识是指在文件眉首部分的发文机关全称或规范化简称并加"文件"。例如，"××××机关文件"。

7. 发文字号

发文字号由机关代字、年份、序号组成。机关代字，是指用一到两个汉字表示发文的机关。例如："国办发"表示国务院办公厅制发。年份表示制发文件的纪年，应标全称，用六角括号（〔〕）括入。例如：〔2011〕表示文件是2011年制发的。序号表示某年依次制发的文件的号码，不能编虚位，不能加"第"字。联合行文，只标明主办机关发文字号。

8. 受文机关

受文机关是指主送机关和抄送机关。主送机关是指公文的主要受理机关，即答复或办理公文事项的机关，应当使用全称或者规范化简称、统称。其位于标题之下、正文之上，要求左顶格书写。抄送机关是指除主送机关外需知晓公文内容的其他机关，应当使用全称或是规范化简称、统称。抄送机关书写在主题词下一行，抄送机关如有多个，需用逗号隔开。

第三节　公文写作

一、公文开头与结尾

1. 公文的开头

公文的开头又称导语,是公文正文部分的起点和入笔处,用以唤起读者注意,引导阅读。开头不仅是全文思路展开的关键,而且能显示出事物发展的内在脉络,为全文奠定基调。开头既能突出主旨,紧紧抓住读者,又可以对下文的展开起"方向"的作用。开头要开门见山,一般采用直叙形式。公文的导语要表达的主要内容是:发文目的、公文所针对的实际情况、制发该公文的重要性和必要性、公文所要解决的问题以及公文的指导思想或主要内容。

公文开头没有一成不变的写法,由于文种不同、内容不同、作者的文学修养不同,写法也各不相同。但无论哪一类文种,无论什么内容,在写开头的时候,都要考虑紧扣主旨、吸引读者。最常见的公文开头大致有以下几种。

（1）起因式

开始先讲问题的缘起,即为什么要写这篇公文,一般使用"由于……""鉴于……"或"随着……"等句式开头。

（2）目的式

开宗明义,第一句就说明本文目的,一般使用"为了……""为……"等句式。

（3）根据式

一开始先说明制作公文的依据,多用"根据""遵照""按照"等开头,如"根据公文要求""遵照上级某指示精神""按照某会议的决定"等。

（4）时间式

一开始先点明某事、某情况的时间。有的是一开始直接写年、月、日,有的则使用"近日来""近来""最近"等比较模糊的时间开头,有的则用"……之后"句式。

（5）引文式

一开始先引用公文或领导指示中的一段话作为引子，点明主题。

（6）事情式

一开头就把事件、情况简明扼要地介绍清楚。

以上六种开头方式，仅就一般情况而言，并不是规定的公式。除此以外，还有各种方式的开头。不论采用什么方式都要服从内容的需要，只要能服从主旨、引出主旨、吸引读者，就是好的开头。但是就公文的种类而言，不同的公文也有相应的习惯性的开头。比如，请示一般应首先陈述请示的原因、理由；通知一般是以"根据……""兹定于……"等开头；布告则是先说明发布布告的原因、依据和目的；会议纪要的开头则有比较固定的格式，即依次写出会议时间、地点、主持者、出席者、列席者，有的座谈会纪要还要写明开会的原因和目的；批转、批复等多用引文式开头；会议简报多用时间式开头；调查报告开头使用最多的是介绍调查对象的基本情况，有的也用议论开头；等等。总之，公文的开头都离不开根据、目的、原因、事件、时间等要素。

2. 公文的结尾

公文的结尾又称结语，用以维护公文的完整性，使读者深刻理解作者的意图，为准确而有效地处理公文奠定基础，同时，也防止在正文之后被添加伪造。结尾通常采用下述形式：

（1）使用专用词语总结全文

请示结尾要提出肯定式要求，如："以上是否妥当，请批示。""当否，请指示。"意见和决定的结尾，一般要提出落实的要求，如："望各地各部门贯彻执行。""把落实情况尽快上报。"许多公文结尾可以套用"特此＋文种"的句式，如："特此报告（批复、函复、通知、函告……）。"

（2）概括与深化主题，帮助读者进一步理解全文

报告类公文使用较多的结尾是总结性地写出报告的主要观点。如《湖南农民运动考察报告》在讲完了十四件大事之后，有一段总述："总上十四件事，都

是农民在农会领导之下做出来的。就其基本的精神说来,就其革命意义说来,请读者想一想,哪一件不好?"[①]接着揭露和批驳了蒋介石和国民党反动派对农民运动的恐惧和攻击,起到总结作用。

(3)再次强调行文目的或陈述具体要求

如通报的结尾经常用"特通报表扬,以资鼓励"等句式。

(4)发出号召,提出希望与要求

例如:《广西壮族自治区人民政府办公厅关于推行农村小型公共基础设施村民自建试点工作的意见》(桂政办发〔2012〕294号)在结尾中说,"各地要及时发现和解决村民自建试点过程中出现的新情况、新问题,及时总结经验,不断探索创新农村小型公共基础设施村民自建的有效模式,树立典型示范,并加以推广"。决议类、通知类、通报类公文常用这类结尾。

(5)说明公文生效、施行时间或宣布原公文废止以及处罚措施等有关事项

如规章性公文常用"本办法自发布之日起施行""本规定自发布之日起执行,原某某公文同时废止"结尾。

总之,结尾的方法丰富多彩,不拘一格。可以语义含蓄,耐人寻味;可以深入分析,指明方向;可以集中反驳,深入论证。具体使用哪种写法,要依照公文的内容和体裁来定夺。

二、公文的层次与段落

1. 公文的层次

公文层次,是公文思想内容展开的次序,是公文中表达思想内容的意义单元的"逻辑环节"。它是事物发展的各个方面,以及写作主体认识事物、构思公文的思路进程在公文中的反映。公文层次在思想内容上有其相对独立性,公文内容的展开顺序中又有一定的稳定性,在前后层次的联系上还有内在的逻辑

---

① 毛泽东选集:第1卷[M].北京:人民出版社,1991.

性。因此，在安排公文层次时要依据事物的发展过程、思维活动的进程和表现主旨的顺序，着眼于事物的内部联系。只有这样，写作主体才能清楚地宣事明理、表情达意，才能收到层次清楚、段落分明的效果，读者才能清晰明确地理解思想内容。篇章较长的公文层次往往采用总分、并列、递进、因果和连贯等方式。

（1）总分式

总分式也叫主从式，是指构成公文的全部层次中，先从总体上概括内容，然后分述，或先提出总的观点、主张，然后再具体说明。总和分的关系是总说为主，分说为从，总说的层次统领分说的层次，分说的层次是对总说层次的演绎和阐释，并为总说层次服务。这种方式在简报、调查报告、总结、计划、通报、报告中多以先概述后分述的形式出现，在命令、决定、指示、通知、布告、通告等行政公文中多是先交代总的指导思想，而后具体陈述主张和办法。

（2）并列式

并列式是从横向逻辑入手，把材料按其性质归类，分别从不同的层次、不同的方面对问题加以说明，各个层次表现为平等并列关系，以其内在联系构成完整的篇章。公文中多用分条列项的方式来表述既有联系又各不相同的内容，形成并列层次。条例、规定、办法、细则、计划等多为这种层次。

（3）递进式

递进式是指按照公文内容逐层推进、层层加深的一种行文方式，层次之间为一层一层的递进关系。在公文中命令、决定、决议、请示、报告、调查报告等有时采用这种方式。

（4）因果式

因果式是以分析事物形成和发展的原因、结果为线索安排层次的一种方式，其中有的先说因后说果，有的则先交代结果后分析原因。

（5）连贯式

连贯式是按照事物发展的自然顺序安排层次的一种方式，其中有的以时间的先后为序排列，有的以事件发展的前后进程排列，有的以空间的前后转换排列，有的以认识的过程排列。公文采用这种方式以时序推进为多。简报、报告、会议纪要等常用这种方式。

以上这些安排层次的方式有的单独使用，有的则交叉使用，需根据写作的具体实际而定，不应一概而论。

2. 公文的段落

段落通常是指自然段，是构成篇章的基本单位，是思路展开的具体步骤，是表达思想内容时由于间歇、转折、强调所造成的文字停顿。段落能够使行文更有条理，使层次之间的意思承接得更紧密、更自然，可以帮助读者更好地理解公文的思想内容。

层次和段落既有联系也有区别。层次作为内容展开的次序，要借助一定的段落才能显现；段落作为表达层次的形式和手段，也要体现一定层次。但是，层次着重于思想内容的相对完整性，靠其内在逻辑性来划分；段落则着眼于文字表达的阶段性，以语言的间歇停顿来显示。因此，层次往往大于段落，一个层次包括几个段落。组织段落既要注意内容的单一性、完整性，也要注意段与段的连贯性与和谐性。公文的组段有以下三种情况。

（1）以句组段

常用段旨句领起。如《国务院关于进一步加强产品质量工作若干问题的决定》，分10个大问题、25个小问题，阐明了进一步加强产品质量工作的重要性和任务要求，每段都由段旨句领起，围绕段旨句做了内容上的阐述和说明，构成了单一而又完整的段落。

（2）按条项组段

即一条一项为一个方面的内容，并用序号标明。这种组段方式用得很普遍，不仅在条例、规定、办法、细则、规则等文种中使用，决定、决议、通知等文种的事项和要求部分也常常用这种方式组段。

（3）篇段合一

即全篇为一段，一段即是一篇。

三、公文的语言与修辞

1. 公文的语言

（1）常用语

1）起首语：为了、根据、按（遵/依）照、由于、兹因、兹有、兹定于、关于、对于等，多用于表示行文目的、原因、根据、时态、范围、背景情况等。

2）结尾语：特此报告（通知、函达、函告、函复）、请审核（阅）、此复、此令、现予公布、为盼、尚望函复、请予批准、请审批、请予支持、希（请）遵照执行、请认真贯彻执行；当否，请批示；可否，请批示；如无不妥，请予批准等。

3）期请/期复/征询用语：请、敬请、拟请、特请、希、希望、当否、可否等。

4）称谓用语：我、本（第一人称），贵、你（第二人称），该（第三人称）。

5）衔接语：为此、鉴于、有鉴于此、因此、综上所述、总之等，承上启下，领起下文，起过渡作用。

6）经办时态用语：经、已经、现将、已将、拟等，用于说明工作处理过程的时态。

7）引述用语：近接、顷闻、欣悉、近悉等，用于引述来文，作为批答行文的依据。

8）表态用语：同意、批准、拟同意、基本同意、原则同意、照办、按此办理、暂不执行等。

9）递送用语：报、呈、颁发、印发、发布、送等，表示文件递送方向。

（2）语言特点

1）准确贴切。一是避免产生歧义，二是防止褒贬失当，三是排除疏忽错漏，四是注意措辞得体。

2）平实易懂。公文写作用词时要在规范的基础上做到朴实、通俗易懂。

3）简洁精练。一是把握主旨，二是力戒重复，三是简洁明快。

4）严谨规范。公文写作时要文句严谨、细致周密、分寸得当，切忌语意模糊、含糊不清。

（3）表述方式

表述方式是指运用语言形式来介绍情况、陈述事实、总结规律、阐明观点、抒发感情的具体方法与手段。表达方式主要有叙述、描写、议论、抒情、说明。公文所用的表达方式主要有叙述、议论、说明三种，一般是叙述、议论、说明三种综合运用。决议中议论的成分比较多，通报中叙事的成分比较多。

1）公文的叙述。叙述就是对人物的行动或事物发展变化过程所做的陈述和交代。按叙述时间次序的不同，可分为顺叙、倒叙、插叙、分叙四种类型。公文中大部分叙述都是顺叙。按详略程度的不同，叙述可分为概叙和细叙两种类型。在公文写作中，概叙的手法用得比较多。粗略简练、只介绍事件梗概的叙述叫概叙，其特点是篇幅不长，语言简明，事实完整，但缺少细节。

例如：××××年×月×日，校党委召开由中层领导干部、优秀中青年教师和离退休职工代表参加的座谈会，全面征集对学校党政工作和班子成员的意见和建议。到会代表共××人，收回调研表××份。参加调研的同志以对学校工作高度负责的精神，结合学校的工作实际和个人的切身感受，对学校近年来取得的成绩和党政班子的工作给予了充分肯定，同时也对学校工作中存在的问题提出了许多中肯的、建设性的意见和建议。

2）公文的议论。议论就是对某一事件或问题发表见解，表明观点和态度，并以充分的材料证明观点的正确性。这种表达方式在公文中也有大量运用。论述的水平最能体现公文作者的写作水平。议论有三个要素：论点、论据、论证。在公文中，这三个要素一般都要齐备。公文中的论点要明确提出，一般是作者的观点、看法、主张、见解、态度，通常以判断的形式表现出来。

例如："革命是解放生产力，改革也是解放生产力。""创新是一个通信企业的灵魂。"

3）公文的说明。说明是用简明扼要的文字，将客观事物或事理的形状、性质、特征、成因、关系、功用等属性解说清楚的表达方式。说明分为事物的说明和事理的说明两大类型。凡以某一客观存在物为对象的，都是事物说明，如介绍某一组织的历史状况，介绍某一仪器的功能等；凡以抽象的概念或科学道理为对象的，都是事理说明，如解释什么是公文、宣传有关宇宙形成的原理来说明世界上没有神仙和灵魂等。公文中单独使用说明方式的情况较少，多与叙述、议论结合使用，多种说明方法常常结合运用。

2. 公文的修辞

（1）消极修辞

消极修辞又称"规范修辞"，注意其在修辞范围内所起的作用决不是消极的。公文的性质和特点决定消极修辞是公文中一种基本的、普遍使用的修辞方法。它多跟抽象思维相联系，强调抽象性、概括性和准确性，以使语言表达得更加明白、通顺、准确、得体。公文中常用的消极修辞格有：

1）宾语提前。即用介词"将"把宾语提前，以突出所要强调的表达对象。例如："现将《××市招商引资奖励办法》印发给你们。""现将《××市2001年农业和农村经济工作意见》印发给你们。"这种写法在发布、转发性公文中，已形成较为固定的模式。

2）重点后置。即把表述的重点放在句末，用以强调，达到增强表达效果的目的。例如："一些地方制售假劣药品的种类多、规模大，违法犯罪分子见利忘义到了丧心病狂的程度，后果十分严重。"后置的"后果十分严重"是结论性句子，突出了全段的要旨。行文中，要根据表达主旨的需要，正确地体现这一修辞特点。

3）词语简缩。即把较多音节词语缩减成较少音节的词语，使语言表达简单明了。如"第十二个五年计划"简缩为"十二五"，"城市和乡村"简缩为"城乡"，"基本建设"简缩为"基建"，"人民代表大会"简缩为"人大"，"政治协商会议"简缩为"政协"等。这些简缩词语，已约定俗成，十分规范，被人们长期广泛使用。但大量多音节词语不可简缩，否则会出现歧义。

（2）积极修辞

积极修辞又称"艺术修辞"，多采用具体、形象的表达方式，公文中根据需要也适当地采用。常用的积极修辞格有：

1）引用。引用是通过援引现成的语言材料来提高表达效果的一种修辞方式。与一般公文有所不同，公文的引用主要不是引进诗文名句、谚语典故，而是恰当运用引用，简明扼要地交代行文目的和提出各种主张的依据，增强公文的说服力和权威性，且多为明引。

2）借代。借代是指不直接说出要说的人和事，而用另外一种与本体密切相关的事物名称来代替，使语言表达更加活泼、鲜明、形象，加深人们的感受。代的和被代的事物之间存在不可分离的关系，代体有充分的代表性，如部分和整体、结果和原因、抽象和具体、特指和泛指等也可相互代替。例如：《全国物价大检查总结报告》中指出，"要抓紧落实粮食风险基金和副食品价格调节基金，制定切实措施，稳定'菜篮子''米袋子''火炉子'价格"。其中，用"菜篮子"代蔬菜和副食品，用"米袋子"代粮食，用"火炉子"代燃料，皆为借代辞格，语言生动形象，通俗易懂。公文中的借代，以保证公文语体特点为前提，不够庄重严肃和不为人们所熟悉的借体不适于在公文中运用。

3）比喻。比喻就是打比方，是根据事物之间的相似点，用乙事物来说明或描摹甲事物的一种修辞方法，被比喻物和比喻物之间是两个本质不相同的事物。

4）排比。排比是把三个以上结构相同或相似、语气一致、意义相关的词组或句子排列成串，形成一个整体。

5）反复。反复就是重复使用某个词、句、段，起到加强语气和感情，强调和突出某一问题的作用。例如：国务院领导同志在强调做好各种债券发行审批工作时指出，"集资一定要按国务院的规定执行，对违反规定的要登报批评。集资要经过一定的批准程序，要在国家规定的规模之内，利率不得超过国库券的利率。"其中"集资"一词反复使用，起到了强调和突出的作用。

四、公文的拟写

1. 公文的拟写准备

（1）明确主旨

公文的主旨是公文作者为了写作目的需要，通过公文的全部内容所表达的主要观点、基本主张、政治倾向和政策期求。公文主旨要正确、要鲜明、要集中、要新颖、要一致。主旨一经确立，即对材料的组织、结构的布局、语言的运用以及表达方式等起到制约和调控作用。因此，正确确立主旨，使之合乎要求，是写好公文的关键。公文的主旨类似于其他文章的主题、中心思想、中心论点，是公文的"灵魂"和"统帅"，也同样应该贯穿首尾，统摄全文。

公文的主旨具有以下特点：

1）公文主旨反映的对象是公务活动。

2）公文主旨的表达方式比较直接。

3）公文主旨具有直接的社会价值。

4）公文主旨具有唯一性。

（2）材料准备

所谓材料，在文学作品和非文学作品中的含义并不一致，在公文中材料是指作者从实际生活和工作中搜集、提取以及写入公文中的事实和论据。公文写作离不开材料，它是构成公文的基本要素之一。

公文材料是公文作者为了表现公文主旨，从现实工作、学习和生活中摄取并写入公文中的一系列内容，包括情况、背景、目的、根据、办法、措施、意见、规定、时间、数字等的统称。它是提炼公文主旨的基础和依据。材料对主旨具有制约作用。有什么样的材料，就可以提炼出什么样的主旨。主旨能否做到正确、鲜明、集中，关键取决于材料的优劣。此外，公文主旨的表达也要依据材料。在公文写作中，要用大量的事实、数字、论据等来支撑表达主旨，这就必须以材料为依据。材料选择应具有真实性、现实性、典型性、新颖性、系统性。

（3）拟出提纲，安排结构

提纲是所要拟写文件的内容要点，它把主体框架勾画出来，以便正式动笔之前，对全篇通盘安排，做到胸有成竹，使写作顺利，避免半途返工。要在收集材料调查研究的基础上，草拟出写作提纲。

（4）降笔起草，拟写正文

结构安排好后，要按照提纲所列顺序，开宗明义，紧扣主题，拟写正文。写作中要注意两点：其一，要观点鲜明、用材得当。要用观点统帅材料，使材料为观点服务。运用材料要能说明主题，做到材料与观点一致。其二，要文句简练、交代清楚。拟写文件既要尽量节约用字、缩短篇幅、简洁通顺，又要注意交代仔细、清晰明了。

2. 常用规范性公文的拟写

（1）请示

如果在推行工作中遇到不能解决的困难和问题，例如资金、政策等，需要上级帮助解决，就需要向上级请示。写请示要注意几个问题：一是只能一事一请，不能在一个请示里夹带多个请示事项；二是一请一报，一个请示只能报一个主送机关，不能多头报送；三是一般不越级请示，但特殊情况除外（如经费请示），在实践中本着解决问题的原则，不僵化、不教条；四是要简短精练，简洁明了地讲明原因、困难，对请求事项要明确。

（2）报告

报告是典型的上行公文，向上级机关汇报工作、反映情况、提出意见和建议、答复上级的询问等。报告的特点是阅知性，不是批复、答复性，被报告方可以签署意见，也可以不签署意见或表态。所以，在选择这个文种时，要选择那些只需要上级知道的工作或事件，或者就某项工作提意见建议，但不一定需要批复。

1）报告的分类。一是工作报告，是按照上级机关要求做的报告，如政府工作报告；二是情况报告，即在工作中遇到了问题，或者觉得应该让上级知道某个重要事项的当前情况（贯彻落实会议精神的报告）；三是回复性报告，回答上级问询、落实上级临时交办的某项工作（如关于审计意见整改情况的报告）；四是备案报告（规范性文件备案）。

2）报告的写法。一是要有导语，导语中说明写报告的依据或原因。二是报告的总体结构一般为：第一，基本情况；第二，主要做法；第三，收到的效果；第四，存在的问题；第五，今后工作的建议。具体情况具体分析，如某级人民代表委员会视察××法的实施情况，结构是先写成效（可以一并写做法），再写问题，最后写建议。三是要有结尾，回复报告写"专此报告，请阅"，工作报告写"以上报告当否，请阅示"，备案报告写"请予审查"。报告中切忌夹带请示事项。

（3）意见

意见分为上行意见、平行意见、下行意见三种。一般上行意见上级要作出处理或者答复；平行意见提供给对方参考，对方可以不执行；下行意见具有指示性，下级应该遵照执行。意见的写法也不是固定不变的，但一般应该包括几个方面的内容，以印发关于开展某项工作的意见为例，分别为：指导思想和原则、目标和意义、方法和步骤、工作要求等。

（4）通知

通知的应用范围很广泛，传达指示、部署工作、实施管理措施、处理公共事务、任免干部等，都需要印发通知。通知可以红头文件或白头文件的方式印发。通知属下行文，要下级机关（或受文对象）明确做什么、怎么做（这与请示、报告不同，比意见详细），要具有可操作性。例如，会议通知一般应包括：开会时间、地点、参加人员、具体要求等。

（5）工作计划类

这是对未来一定时期内的某项工作或全面工作进行安排部署的文件，明确下一步做什么、怎么做。工作计划要有可操作性（缺乏操作性是当前部门上报工作计划的通病）。计划、规划、方案、要点，都属于计划类公文范畴。计划类公文必须具备目标、措施、步骤三要素。计划类公文有两种格式：一是文字表述式，二是图表式（清晰、明了，包含的信息量大）。政府重点工作任务分解、拟办实事分解、经济发展主要指标分解、议/提案办理责任分解等都属于图表式。

（6）工作总结类

工作总结类公文主要分为综合性总结（单位工作总结）、专题性总结（专项工作总结）、个人总结（学习、思想、工作）三种，其特点是实践性、经验性、自述性和理论性（不仅陈述工作情况，更要揭示理性认识，不仅回答"是什么"的问题，更要回答"为什么""怎么做"的问题）。一般包括本年度（半年）基本工作情况、所做的主要工作、工作进度、取得的成绩和经验、存在的不足和教训、下一步工作计划等。个人总结要抓住主要问题，把握侧重点，突出收获最大、成绩最突出或者感受体会最深的东西，不是记流水账。

第五章

政务服务基础知识

第一节 政务服务体系

我国政务服务体系整体按照"横向集合到边、纵向联通到底"的要求，致力于破解条块分割和碎片化的弊端，努力推进标准化、均等化的服务内容和无差别、无缝隙的服务方式，为公众提供全新的公共产品和服务体验，构建一体化的政务服务体系。从纵向上看，分为省、市、区（县）、街道（乡镇）、社区（村）五级政务服务体系。从横向上看，以政务服务大厅为中心，将具有审批、服务职能的垂直管理部门、市直部门、企业等全部纳入进来，形成并联审批的流程模式。

并联审批按照许可预告、服务前移、一窗受理、内部运转、并行审批、限时办结、监控测评七个步骤进行。所谓"服务前移"是指，在流程优化之前，对审批环节进行细分，将其中可以不需内部审批环节的工作，转为审批部门的服务工作，前移到审批启动之前开展。通过将服务事项从审批环节中剥离，为精简审批环节、提高审批效率创造了重要条件。所谓"一窗受理"是指，政务服务大厅设立综合窗口，对并联审批流程内的各审批项目统一受理申请，统一发放证照，实行"一个窗口对外"的服务，并联审批内的各审批部门原则上不再独立接办此类审批事件。所谓"内部运转"是指，综合窗口受理并联审批事项的申请后，将申请材料转发给各相关审批部门，申请人不需要再到各窗口逐一办理相关手续。所谓"并行审批"是指，各相关行政机关收到从综合窗口转来的申请资料后，同时启动对申请的审核工作，提出具体审批意见。所谓"监控测评"是指，并联审批流程启动之后，采用内部运作监督、限时办结监督和公众投诉监督等方式，及时统计分析审批部门工作情况并进行测评考核。

目前，政务服务中心形成了具有显著特征的日常化运作机制：

一是服务导向的工作宗旨，将不断提升办事人员的满意度作为追求目标。服务导向是政务服务中心的核心价值观，是审批部门及其工作人员聚合集中对外受理业务、审批许可理念的基础。

二是依法行政的工作准则。审批许可必须以法律法规为准绳，它要求所有的审批活动都必须依法依规进行。

三是效率至上的工作追求。必须在法定时限的基础上进一步缩短办理时限，公开承诺按时办结；同时，通过采取绿色通道、特事特办等方式，进一步提高审批效率。效率既是政务服务中心追求的目标，也是其自身价值的重要体现，是其存在的合法体现，由关注单个审批事项效率的提高到重视相关审批事项整体效能的提升，促进资源利用效率的提高、社会运行成本的降低。

四是整体优先的工作原则。通过统一的制度规范和服务标准，建立涉及工作人员言行举止等方方面面的服务标准来规范工作人员的审批行为，整合审批部门的组织方式、运作方式，强化服务窗口之间的业务协作，推行数据共享、信息开放，进行整体性的许可审批流程优化。

五是文化整合的工作机理。培育以信任、开放、协同为核心内容的行政文化，提升政务服务中心的组织化程度，增强工作人员的共同认可和心理归属，搭建起支撑协同配合、有序服务、高效运作的意识平台。

第二节　互联网+政务服务

一、发展现状和总体要求

党的十八大以来，以习近平同志为核心的党中央高度重视以信息化推进国家治理体系和治理能力现代化，强调要加快推动电子政务，打通信息壁垒，构建全流程一体化在线服务平台，助力建设人民满意的服务型政府。国务院将"互联网+政务服务"作为深化"放管服"改革的关键环节，专门印发文件，作出全面部署。一些部门和地方积极探索，深入推进"互联网+政务服务"，加强信息共享，优化政务流程，一批堵点、难点问题得到初步解决，服务创新典型不断涌现，引领政务服务创新改革不断取得新成效。同时也应看到，目前政务服务"一网通办""只进一扇门""最多跑一次"等改革仍是局部区域和部分领域的探索实践，不少地区、部门、领域仍大量存在困扰企业和群众的办证多、办事难等现象，与构建方便快捷、公平普惠、优质高效的网上政务服务体系目标相比仍有较大差距。

民之所望，改革所向。党的十九大对决胜全面建成小康社会、开启全面建设社会主义现代化国家新征程作出了全面部署。党的二十大对全面建设社会主义现代化国家新征程、向第二个百年奋斗目标进军、全面推进中华民族伟大复兴进行了战略部署，要深入贯彻党的十九大、二十大精神，以习近平新时代中国特色社会主义思想为指导，牢固树立和贯彻落实新发展理念，深化"放管服"改革，进一步推进"互联网+政务服务"，加快构建全国一体化网上政务服务体系，推进跨层级、跨地域、跨系统、跨部门、跨业务的协同管理和服务，推动企业和群众办事线上"一网通办"（一网），线下"只进一扇门"（一门），现场办理"最多跑一次"（一次），让企业和群众到政府办事像"网购"一样方便。

二、具体做法

1. 以整合促便捷，推进线上"一网通办"

按照政务服务"一网通办"的要求，加快建设国家、省、市三级互联的网上政务服务平台体系，推动政务服务"一次登录、全网通办"，大幅提高政务服务便捷性。

（1）整合构建全国一体化网上政务服务平台

按照党中央、国务院关于推进审批服务便民化有关要求，加强顶层设计，加快构建以国家政务服务平台为枢纽、以各地区各部门网上政务服务平台为基础的全流程一体化在线服务平台。加强各省（自治区、直辖市）平台一体化、规范化建设。整合各级政府部门分散的政务服务资源和网上服务入口，加快推动各级政府部门业务信息系统接入本级或上级政务服务平台。依托国家政务服务平台为全国各地区各部门网上政务服务提供公共入口、公共通道和公共支撑，实现全国网上政务服务统一实名身份认证，让企业和群众网上办事"一次认证、全国漫游"，发挥好中国政府网总门户作用。

（2）推动更多政务服务事项网上办理

切实提高政务服务事项网上办理比例，除法律法规另有规定或涉密等外，原则上各级政务服务事项均应纳入网上政务服务平台办理，并按照国家政务服务平台相关标准规范组织实施。根据推进审批服务标准化有关要求，推动各地区各部门网上政务服务平台标准化建设和互联互通，实现政务服务同一事项、同一标准、同一编码。拓展网上办事广度和深度，延长网上办事链条，实现从网上咨询、网上申报到网上预审、网上办理、网上反馈应上尽上、全程在线。

（3）拓展政务服务移动应用

推动政务服务向"两微一端"等延伸拓展，为群众提供多样性、多渠道、便利化服务。结合国家政务服务平台建设，加强和规范政务服务移动应用建设管理，推动更多政务服务事项提供移动端服务。调动社会资源力量，鼓励开展第三方便

民服务应用。加强政务新媒体监管,提升服务水平。

2. 以集成提效能,推进线下"只进一扇门"

以企业和群众办事"只进一扇门"为目标,大力推行政务服务集中办理,实现"多门"变"一门",促进政务服务线上线下集成融合,不断提升政务服务效能。

(1)推动实体大厅"多门"变"一门"

优化提升政务服务大厅"一站式"功能,完善省、市、县、乡镇综合性政务大厅集中服务模式,推动将垂直管理部门在本行政区域办理的政务服务事项纳入综合性政务大厅集中办理,加快实现"前台综合受理、后台分类审批、综合窗口出件",实现企业和群众必须到现场办理的事项"只进一扇门"。除因安全等特殊原因外,原则上不再保留各地政府部门单独设立的服务大厅。

(2)推动线上线下集成融合

依托网上政务服务平台,实时汇入网上申报、排队预约、现场排队叫号、服务评价、事项受理、审批(审查)结果和审批证照等信息,实现线上线下功能互补、无缝衔接、全过程留痕,为企业和群众办事线下"只进一扇门"提供有力支撑。

3. 以创新促精简,让企业和群众"最多跑一次"

以企业和群众办事"少跑腿"为目标,梳理必须到现场办理事项的"最多跑一次"目录,精简办事环节和材料,推动政务服务入口全面向基层延伸,力争实现企业和群众办事"最多跑一次"。

(1)大力推进减材料、减环节

整合涉及多部门事项的共性材料,推广多业务申请表信息复用,通过"一表申请"将企业和个人基本信息材料一次收齐、后续反复使用,减少重复填写和重复提交环节。充分依托网上政务服务平台,以与企业生产经营、群众生产生活密切相关的重点领域和办理量大的高频事项为重点,通过优化办事系统、简化办事材料、精简办事环节,让更多政务服务事项"最多跑一次"。

(2)推进"最多跑一次"向基层延伸

按照推进审批服务便民化"马上办、网上办、就近办、一次办"的要求,加强乡镇（街道）便民服务中心、村庄（社区）服务站点建设，推动基于互联网、自助终端、移动终端的政务服务入口全面向基层延伸，打造基层"一站式"综合便民服务平台，进一步提高基层响应群众诉求和为民服务的能力，推动实现"最多跑一次"省、市、县、乡、村全覆盖。

4. 以共享筑根基，让"数据多跑路"

（1）建立完善全国数据共享交换体系

构建全国统一、多级互联的数据共享交换平台体系，强化平台功能、完善管理规范，使其具备跨层级、跨地域、跨系统、跨部门、跨业务的数据调度能力。按照"统一受理、平台授权"的原则，建立数据共享授权机制。对于无条件共享且服务接口不需要管控参数的数据，由平台直接提供；对于有条件共享，或者无条件共享但服务接口需要管控参数的数据，由平台推送给部门受理。建立限期反馈机制，对于数据需求申请，平台管理部门应于3个工作日内完成申请规范性审查，并通过平台回复受理意见，不予受理的应回复原因；由平台直接提供的数据，应于受理后3个工作日内提供；由部门受理的数据，数据提供部门应在受理后10个工作日内完成审批。

（2）加快完善政务数据资源体系

遵循"一数一源、多源校核、动态更新"原则，各级政府要构建并完善政务数据资源体系，持续完善数据资源目录，动态更新政务数据资源，不断提升数据质量，扩大共享覆盖面，提高服务可用性。完善数据共享责任清单机制，进一步明确各部门共享责任，在落实国务院部门第一批数据共享责任清单的基础上，制定发布第二批数据共享责任清单，新增拓展1 000项数据共享服务，加强数据共享服务运行监测，全面清理并制止仅向特定企业、社会组织开放公共数据的行为。

（3）做好政务信息系统改造对接

按照谁建设系统、谁负责对接的原则，各级政务部门要加快改造自有的跨层级垂直业务信息系统，并与各级政务服务平台对接，实现跨层级、跨地域、跨系统、跨部门、跨业务数据互联互通，避免数据和业务"两张皮"，减少在不同系统中的重复录入，提高基层窗口工作效率。各级政务信息化建设项目审批部门和运维经费审批部门要联合建立政务信息系统清单制度，加强清单式管理，对于未按要求进行改造对接的，不审批新项目，不拨付运维经费。原则上不再批准单个部门建设孤立信息系统。

（4）推进事中事后监管信息"一网通享"

积极推进跨部门"双随机、一公开"监管信息共享，依托"信用中国"网站和国家企业信用信息公示系统，提供登记备案、行政许可、行政处罚、经营异常名录、严重违法失信企业名单、监督检查、质量抽检等信用信息查询和共享服务。推进事中事后监管信息与政务服务深度融合，整合市场监管相关数据资源，加强对市场环境的大数据监测分析和预测预警，推进线上线下一体化监管。

（5）加强数据共享安全保障

依法加强隐私等信息保护。研究政务信息资源分类分级制度，制定数据安全管理办法，明确数据采集、传输、存储、使用、共享、开放等环节安全保障的措施、责任主体和具体要求。提高国家电子政务外网、国家数据共享交换平台和国家政务服务平台的安全防护能力。推进政务信息资源共享风险评估和安全审查，强化应急预案管理，切实做好数据安全事件的应急处置。

5. 保障措施

（1）建立健全"一网通办"的标准规范

研究制定人口、法人、电子证照等基础数据共享的国家标准。加快完成电子证照库、人口综合库、法人综合库、公共信用库等规范编制工作，加快电子证照应用推广和跨部门、跨区域互认共享。建立健全政务信息资源数据采集、数据质量、目录分类管理、共享交换接口、共享交换服务、平台运行管理等方面的标准。

（2）加快完善相关法规制度

各部门要抓紧梳理"互联网＋政务服务"急需的以及与开展"一网通办"不相适应的法律法规和规章制度，加快推动"立改废"。推动制定完善信息保护的法律制度，切实保护政务信息资源使用过程中的个人隐私和商业秘密。研究制定政务服务事项电子文件归档规范，推动开展相关试点，逐步消除电子化归档的法规制度障碍。

(3) 建立监督举报投诉机制

依托中国政府网及各地政府网站、各级政务服务平台、政务服务热线等，畅通互动渠道，方便群众咨询办事和投诉举报，接受群众监督。建立政务服务举报投诉平台，统一受理企业和群众对未实现政务服务"一网通办"、办事不便利等突出问题的举报投诉，并及时开展核查处理。

(4) 开展百项问题疏解和百佳案例推广行动

开展百项问题疏解行动，聚焦企业和群众关注的身份和教育证明、商事服务、社保低保、就业创业、居住户籍等方面的堵点、难点问题，形成分级覆盖、热点聚焦的百项问题清单，逐项研究解决。开展百佳案例推广行动，深入分析总结先进经验，统筹组织对口帮扶工作，推动百佳案例先进经验复制落地。

第六章

安全环保知识

第一节 安全保密知识

一、计算机安全

1. 做好防护措施

(1) 将系统升级到最新版本,及时安装系统补丁

就目前来看,Windows10系统的安全性要比之前版本的安全性高很多。此外,操作系统并不是一开始推出就是完善的,需要定期安装一些补丁,尤其需要及时安装安全方面的补丁,避免给病毒侵入带来可乘之机。

(2) 开启防火墙,关闭不必要的端口及功能

开启防火墙功能后能拦截大部分的恶意访问。此外,还应关闭不必要的计算机端口,比如 80 端口。如果不需要共享文件和远程登入,最好把共享和远程登入功能也关闭掉。

(3) 安装杀毒软件

Windows10 系统自带的杀毒软件 Windows Defender 开启后基本上能抵御绝大多数病毒,如果不习惯使用此软件,可以安装其他具有同样功能的可替代

的杀毒软件。安装杀毒软件能给电脑增加防御功能，发现不良程序，遇到高风险操作会及时提示甚至阻止。另外，要定期用杀毒软件扫描计算机进行查杀。

2. 拒绝高风险行为

除了对计算机做好防护措施外，还应该避免把病毒带进来。养成良好习惯对避免计算机中毒尤为重要。

（1）拒绝访问不良网站

尤其是不要下载不明文件及程序，绝大多数不良网站都暗藏木马病毒。

（2）不随意安装来源不明的软件

不要随意使用破解软件、盗版软件等。网络上很多破解软件中都捆绑了恶意程序，而且很难被删除。

（3）不要接入高风险的网络

高风险的网络一般是针对那些公共场所的免费网络，这些网络很容易被黑客攻击。

（4）计算机不要随便插入不明设备

来源不明的 U 盘、光驱等，可能带有病毒。尤其注意要关闭计算机的外接设备直接运行功能，插入 U 盘时必须先用杀毒软件查杀后再打开。

二、保密工作

1. 保密工作概念

保密是指人们为了维护自身的利益，人为地控制某些信息，使之不被扩散的行为。在人类社会，"保密"这种行为是客观存在的。小至一个人、一个家庭，大至一个组织、一个政党、一个国家，为了保护其不愿为他人知悉的事项或信息，都会根据需要实施"保密"行为。对个人、家庭来说，这种行为属于一种自我保护的本能，是自发性的。对组织、政党、国家来说，保密就不是自发行为，而是有统一的制度规范和纪律约束，必须采取一系列保护措施，并且有相应机构和人员进行管理的有组织、有领导的活动。这种围绕保护国家秘密而进行的有组织的活动就是保密工作。

保密工作是指按照《中华人民共和国保密法》（以下简称《保密法》）的规定，为保守国家秘密而进行的工作。我们党和国家的保密工作主要包括以下几个方面：一是由各级党委、党组保密委员会实施的领导和决策工作；二是由各级政府保密工作部门实施的保密管理工作；三是由各级党政机关及国有企事业单位内的保密工作机构实施的保密管理工作；四是由具体业务工作部门承担的、渗透在各项业务工作中的保密工作。

2. 政务服务涉密人员管理要求

（1）政务服务工作人员要熟悉《保密法》及其配套法规，依法履行保密义务，自觉、模范地执行保密制度。

（2）严格遵守十条保密守则：

1）不该说的秘密，绝对不说。

2）不该问的秘密，绝对不问。

3）不该看的秘密，绝对不看。

4）不该记录的秘密，绝对不记录。

5）不在非保密本上记录秘密。

6）不在私人通信中涉及秘密。

7）不在公共场所和家属、子女、亲友面前谈论秘密。

8）不在不利于保密的地方存放秘密文件、资料。

9）不用普通电话、明码电报、普通邮局传达秘密事项。

10）不携带秘密材料游览、参观、探亲、访友和出入公共场所。

（3）密级文件在收发运转过程中，要履行登记签字手续，不得丢失。

（4）不准用登录内网的计算机登录互联网。不准在无保密设施的计算机上打印涉密文件。

（5）个人不得保存密级文件资料；不准将密级文件、资料和其他物品作为废品出售。

（6）不准向境外和国内外公开发行的报纸、杂志及电台、电视台提供涉及国家秘密内容的论文、稿件、图文音像制品。

（7）不准为个人摘抄或保存密级文件，阅办完以后应及时清退。

（8）不准隐瞒泄密事件。发现丢失密级文件，应立即采取措施追查寻找，并及时向主管领导报告。

（9）工作人员调动工作时，必须将自己经管的全部文件清理移交，手续交接清楚后方可离开。

（10）为领导服务的司机及其他工作人员听到领导、同事谈论的涉密事项，不得向他人传播。

3. 信息公开和宣传报道保密审查

（1）拟公开发布或对外宣传报道的信息必须进行保密审查，不得将涉及国家秘密的信息公开发布。

（2）凡公开或上网发布的信息，须经审核，重要信息须报分管领导审核同意后，由专门部门网络管理人员公开发布。

（3）在网站上处理投诉，须报分管领导审核同意后，由网络管理人员公开回复。

（4）凡可能涉及国家安全、公共安全、经济安全和社会稳定的重大拟公开信息，须与有关部门协商同意后公开。

（5）保密审查应当遵循全面、及时、准确、规范的原则，既要保障应当公开的政务信息能够公开，又要确保不应公开的政务信息不被公开。

4. 涉密会议保密管理

（1）内部会议，凡涉及保密事项的，参会人员必须保密，必要时须在会场加设保密屏蔽设施。

（2）凡涉密会议，必须指定专人进行记录，使用专用记录本，并由专人保管。

（3）会议作出的决定和讲话中涉及保密事项的，除由指定人员进行传达办理外，其他参会人员不得在正式公布会议内容前向外透露。

5. 涉密载体保密管理

（1）涉密载体（包括计算机硬盘、U盘、光盘、软盘、移动硬盘和录音带、录像带等）必须有明显的密级标识，由专人保管。

（2）涉密载体安全管理坚持"谁主管、谁负责"的原则。

（3）涉密载体维护检修时，必须保证所存储的涉密信息不被泄露，对涉密信息应采取涉密信息转存、删除、异地转移存储媒体等安全保密措施。

（4）涉密载体更换、报废后，不得擅自处理，须统一集中交政府保密机构指定地点销毁。

6. 泄密事件处理

各部门、单位发生泄密事件或者案件时，应采取以下措施：

（1）在事发后立即向同级政府保密工作部门报告，最迟不超过24小时；需由公安机关破案的，要同时报告当地公安机关。

（2）迅速查明被泄露的国家秘密的内容和密级、已经造成或者可能造成损害的程度、事件的主要情节和有关责任者应负的责任。

（3）及时采取补救措施，避免或者减轻损害后果。

（4）对责任者作出适当处理。

第二节　绿色办公知识

一、绿色办公的含义

绿色办公，广义上，包含的内容十分广泛，如办公环境的清洁、办公产品的安全、办公人员的健康等；狭义上，是指在办公活动中节约资源，减少污染物产生、排放，使用可回收利用的产品。绿色办公是节能减排全民行动的重要组成部分，主张从身边的小事做起，珍惜每一度电、每一滴水、每一张纸、每一升油、每一件办公用品。

二、绿色办公管理方式

1. 用电管理

（1）工作人员在办公时间要充分利用自然光，减少照明设备电耗，下班时要随手关灯，切断办公设备电源。

（2）减少计算机、打印机、复印机等办公设备的待机能耗。不使用时，要及时关机，或设置为自动进入低能耗的休眠状态。

（3）禁止使用移动式取暖设备、电炉等高功率电器。

（4）公共区域的照明灯分设控制开关，上班时间的通道灯只开启单排，下班及时关闭，杜绝"长明灯"。

（5）合理设置办公区域空调温度，夏季空调温度设置在 26 摄氏度以上，冬季空调温度设置在 20 摄氏度以下。

（6）根据天气变化合理调整用电、用气量。做到无人时不开空调，开空调时不开门窗。每天少开一小时空调，节假日或少数人加班不开空调。

2. 用水管理

（1）加强节约用水宣传，在食堂、卫生间等公共用水场所设置节约用水标识，培养节约用水意识。

（2）用水时，尽量不将水量开到最大，以不将水花溅到水槽外为准。使用卫生间，便后应及时冲洗，并应等到冲水后关闭水龙头再离开。

（3）发现供水管网漏水、水龙头关不紧等问题，应通知物业相关工作人员及时维修。

3. 车辆管理

（1）严格执行公车使用管理制度，严禁用公车办私事，在集体活动中合乘公务用车。

（2）加强车辆调派的合理性、科学性，参加距离近的公务活动提倡步行或骑自行车往返。

（3）严格执行车辆燃油管理办法，提倡低能耗行驶。

（4）应尽量选择绿色、低碳出行，提倡"135"等出行方式（"135"出行方式是指1公里以内步行，3公里以内骑自行车，5公里左右乘坐公共交通工具）。

4. 办公用品管理

（1）严格执行办公用品登记制度，对办公用品消耗进行跟踪检查，完善节约措施。

（2）逐步推行无纸化办公，尽可能降低纸张的消耗，尽量在计算机上修改文稿，减少重复打印次数，提倡双面用纸，严格控制文件印刷数量，提高文稿校对、印制质量。

（3）重视对已使用过的纸张等的再利用，做到废纸回收。

（4）打印机、复印机、传真机的油墨、墨粉用完后，重新灌装，重复使用。

（5）工作人员应自备水杯，尽量减少使用纸杯等一次性易耗用品。

（6）办公设备根据工作需要统一配备，其他部门无特殊情况不自行采购办公设备。

（7）因办公产生的废品，能利用的继续利用，不能利用的设置分类回收器具，安排专人定期处置。

三、绿色办公的意义

实行绿色办公对于政府、环境和社会的发展都有着重要的意义。

第一，政务服务中存在资源紧张、办公用品浪费的现状，推行绿色办公有利于节约办公资源，缓解资源紧张的状况，减少政府的经济压力和对环境的不良影响，为建设绿色政府奠定基础，促进政务服务人员身心健康。

第二，对环境而言，绿色办公的推行符合当下的发展趋势。绿色办公突出节能、环保、健康特色，有利于提高办公资源利用率，减少资源浪费，推动建设节约、高效、环保、可持续的办公环境。

第三，从社会角度看，政务服务中心推行绿色办公能扩大社会影响力，提高员工的环保意识以及环保素养，形成绿色发展观念，并且绿色办公模式能为建设绿色社会提供建设性的建议，推动绿色社会可持续发展。

第三节 消防安全知识

一、灭火与逃生

1. 常见灭火方法

（1）隔离法

隔离法是将可燃物质与火源隔离开来，使燃烧因缺少可燃物而停止。具体包括：将火源附近的可燃、易燃、易爆和助燃物品搬走；关闭可燃气体、液体管路的阀门，以减少和阻止可燃物质进入燃烧区；设法阻拦流散的液体；拆除与火源毗连的易燃建筑物等。

（2）冷却法

冷却法是将燃烧物质的温度降至燃点以下。具体包括：将灭火剂直接喷射到燃烧物上，增加散热量，降低燃烧物的温度于燃点以下，使燃烧停止；或者将灭火剂喷洒在火源附近的物体上，使其不受火焰辐射热的威胁，避免形成新的火点。

（3）窒息法

窒息法是阻止空气流入燃烧区或用不燃物质冲淡空气，使燃烧物得不到足够的氧气而熄灭的灭火方法。

2. 灭火器及其使用

（1）二氧化碳灭火器

1）属性。不导电，适用于扑救电气、精密仪器、油类和酸类火灾，不能扑救钾、钠、镁等物质火灾。

2）使用方法。使用时拿好喇叭筒对着火源（手不能直接抓住喷嘴以免冻伤），另一只手打开开关即可。

3）注意事项。二氧化碳有窒息作用。在室外使用时，应该选择在上风方向喷射；在室内使用时，灭火后要迅速离开。

（2）干粉灭火器

1）属性。不导电，适用于扑救电气设备火灾，而不宜扑救旋转电机火灾，可扑救石油、石油产品、有机溶剂、天然气和天然气设备火灾。

3）使用方法。提起拉环对准火源即可。

3）注意事项。不能在离火源很远的地方就开启灭火器，要尽可能在靠近火源时开启。

（3）泡沫灭火器

1）属性。具有导电性，适用于扑救油类或其他易燃液体火灾，不适用于扑灭电气设备火灾。

2）使用方法。倒过来稍加摇晃，打开开关，药剂即喷出。

3）注意事项。在使用时筒盖和筒底不能朝向人身，防止发生意外爆炸时筒盖、筒底飞出伤人。

3. 逃生与自救

（1）当刚发生火灾时，应奋力将小火控制、扑灭。千万不要惊慌失措，置小火于不顾而酿成火灾。

（2）火灾发生后，应尽快拨打"119"火警电话，并撤离现场，不要因为顾及贵重物品而耽误逃生时间。

（3）如果没有火焰只有浓烟时，为了防止呛人，可用湿毛巾、口罩等捂住口鼻，身体采用低姿势匍匐前进，爬行出烟雾区。

（4）发生火灾时，要根据情况选择进入相对安全的楼梯通道逃生，千万不要乘坐电梯逃生。

（5）当疏散通道着火但火势不大时，可以用湿棉被、毯子披在身上，迅速冲出火区。

（6）当楼梯等疏散通道均被大火烧毁或火焰太大无法穿越时，可利用身边的绳索或床单、窗帘、衣服等自制简易救生绳，并用水将其打湿，一端紧拴在牢固的物体上，然后缓滑到地面安全逃生。

（7）当发生火灾又没有逃生之路时，应退居室内，并关闭门窗，用湿毛巾、湿布等堵塞门缝，或用湿棉被蒙上门窗，以延缓火势蔓延和烟火渗入。在用湿毛巾等捂住口鼻、不宜呼叫时，可向窗外扔出小东西或晃动衣物，在夜晚可用手电筒照向窗外，使灯光不停地闪烁。

二、触电急救

1. 脱离电源

人在触电后可能由于失去知觉或电流超过人的摆脱极限而不能自己脱离电源，此时施救人员不要惊慌，要在确保自己不触电的情况下使触电者脱离电源。

如果因接触电器触电，应立即断开近处的电源，可就近拔掉插头、断开开关或打开保险盒；如果因碰到破损的电线而触电，附近又找不到开关，可用干燥的木棒、竹竿、手杖等绝缘工具把电线挑开，挑开的电线要放置好，不要使人再触到。

如果不能实行上述方法，触电者又趴在电器上，可隔着干燥的衣物将触电者拉开。在脱离电源过程中，如果触电者在高处，要防止脱离电源后跌倒而造成二次受伤。在使触电者脱离电源的过程中，抢救者要防止自身触电。

2. 脱离电源后的判断

触电者脱离电源后，应迅速判断其症状，根据其受电流伤害的不同程度采用不同的急救方法。判断触电者有无知觉→判断呼吸是否停止→判断脉搏是否搏动→判断瞳孔是否放大。

3. 触电的急救方法

（1）口对口人工呼吸法

人生命的维持，主要靠心脏跳动而产生血循环，通过呼吸而形成氧气与废气的交换。如果触电者受伤较严重，已失去知觉、停止呼吸，但心脏微有跳动，就应采用口对口人工呼吸法。具体做法是：张口捏鼻手抬颌，深吸缓吹口对紧；张口困难吹鼻孔，5秒一次坚持吹。

1）迅速解开触电者的衣服、裤带，松开上身的衣服、胸罩和围巾等，使其胸部能自由扩张，不妨碍呼吸。

2）使触电者仰卧，不垫枕头，头先侧向一边，清除其口腔内的血块、假牙及其他异物等。

3）施救人员位于触电者头部的左边或右边，用一只手捏紧其鼻孔，不使漏气，另一只手将其下巴拉向前下方，使其嘴巴张开，嘴上可盖上一层纱布，准备接受吹气。

4）施救人员做深呼吸后，紧贴触电者的嘴大口吹气，同时观察触电者胸部隆起的程度，一般应以胸部略有起伏为宜。

5）施救人员吹气至需换气时，应立即离开触电者的嘴，并放松触电者的鼻子，让其自由排气。这时应注意观察触电者胸部的复原情况，倾听口鼻处有无呼吸声，从而检查呼吸是否阻塞。当触电者呼气完毕，即开始下一次同样的吹气。

6）如果触电者仍未恢复自主呼吸，应持续吹气。成人吹气频率为12次/分钟。开始的两次吹气，每次要持续1~2秒，让气体完全排出后再重新吹气。

（2）人工胸外按压心脏法

若触电者伤得相当严重，心脏和呼吸都已停止，人完全失去知觉，则需同时采用口对口人工呼吸和人工胸外按压心脏两种方法。如果现场仅有一个人施救，可交替使用这两种方法，先胸外按压心脏4~6次，然后口对口呼吸2~3次，再行按压心脏，反复循环。人工胸外按压心脏法的具体操作步骤如下：

1）解开触电者的衣裤，清除口腔内异物，使其胸部能自由扩张。

2）使触电者仰卧，姿势与口对口吹气法相同，但背部着地处的地面必须牢固。

3）施救人员位于触电者一边，最好是跨跪在触电者的腰部，将一只手的掌根放在心窝稍高一点的地方（掌根放在胸骨的下三分之一部位），中指指尖对准锁骨间凹陷处边缘，另一只手压在这只手上，呈两手交叠状（对儿童可用一只手）。

4）施救人员找到触电者的正确压点，自上而下垂直均衡地用力按压，压出心脏里面的血液，注意用力适当。

5）按压后，掌根迅速放松（但手掌不要离开胸部），使触电者胸部自动复原，心脏扩张，血液又流回到心脏。

6）成人按压频率为每分钟 100～120 次，下压的深度为 5～6 厘米，按压与放松时间各占 50% 左右。

第四节　应急知识

一、应急预案定义

应急预案又叫预防和应急处理预案、应急处理预案、应急计划或应急救援预案，是针对可能发生的事故或灾害预先制定的采取应急与救援行动，降低事故损失的有关措施、计划或方案。应急预案实际上是标准化的反应程序，以使应急救援活动能迅速、有序地按照计划和最有效的步骤来进行。应急预案有三个层面的含义。

1. 事故预防

通过危险辨识、事故后果分析，采用技术和管理手段降低事故发生的可能性，且使可能发生的事故控制在局部，防止事故蔓延，并预防次生、衍生事故的发生。同时，通过编制应急预案并开展相应的培训，可以进一步提高各层次人员的安全意识，从而达到事故预防的目的。

2. 应急处理

一旦发生事故或故障，有应急处理程序和方法，能快速反应处理故障或将事故消除在萌芽状态。

3. 抢险救援

采用预定现场抢险和抢救的方式，对人员进行救护并控制事故发展，从而减少事故造成的损失。

二、编制应急预案的目的

为控制重大事故的发生,防止事故蔓延,有效地组织抢险和救援,政府和单位应对已初步认定的危险场所和部位进行风险分析。对认定的危险有害因素和重大危险源,应事先对事故后果进行模拟分析,预测重大事故发生后的状态、人员伤亡情况及设备破坏程度,以及由于物料的泄漏可能引起的火灾、爆炸、有毒有害物质扩散对单位造成的影响。

依据预测,提前制定重大事故应急预案,组织、培训应急救援队伍,配备应急救援器材,以便在重大事故发生后能及时按照预定方案进行救援,在最短时间内使事故得到有效控制。

综上所述,编制应急预案的主要目的有以下两个方面:

(1)采取预防措施使事故控制在局部,消除蔓延条件,防止突发性重大和连锁事故发生。

(2)能在事故发生后迅速控制和处理事故,尽可能减轻事故对人员及财产的影响,保障人员生命和财产的安全。

三、应急预案的作用

应急预案在应急系统中起着关键作用,它明确了在突发事故发生之前、发生过程中以及结束之后,谁负责做什么,何时做,相应策略和资源准备等。它是在辨识和评估潜在重大危险、事故类型、发生的可能性及发生的过程、事故后果及影响严重程度的基础上,为应急准备和应急响应的各个方面所预先做出的详细安排,是开展及时、有序和有效事故应急救援工作的行动指南。

应急预案在应急救援中的突出重要作用和地位体现在:

(1)应急预案明确了应急救援的范围和体系,使应急准备和应急管理不再无据可依、无章可循,尤其是培训和演习工作的开展更依赖于应急预案。培训可以让应急响应人员熟悉自己的任务,具备完成指定任务所需的相应技能;演习可以检验预案和行动程序,并评估应急人员的技能和整体协调性。

(2)制定应急预案有利于做出及时的应急响应,降低事故损失。应急行动对时间要求十分严格,不允许有任何拖延。应急预案预先明确了应急响应各方的职责和相应程序,在应急力量、应急资源等方面做了大量准备,可以指导应急救援迅速、高效、有序地开展,将事故的人员伤亡、财产损失和环境破坏降到最低限度。此外,如果事先制定了预案,对重大事故发生后必须快速解决的一些应急恢复问题也就有了应对措施。

(3)应急预案成为各类突发重大事故的应急基础。基本应急预案可保证应急预案足够的灵活性,对那些事先无法预料到的突发事件或事故,也可以起到基本的应急指导作用,成为开展应急救援的"底线"。在此基础上,可以针对特定危害编制专项应急预案,有针对性地制定应急措施、进行专项应急准备和演习。

(4)当发生超过应急能力的重大事故时,便于与上级应急部门进行协调。

(5)有利提高风险防范意识。预案的编制、评审以及发布和宣传,有利于各方了解可能面临的重大风险及其相应的应急措施,有利于促进各方提高风险防范的意识和能力。

四、应急功能

应急功能主要包括报警、接警与通知、指挥与控制、通信、警报与紧急公告、事态监测与评估、警戒与治安、人员疏散及安置、应急抢险等,这些功能对应于应急救援有关的各类组织机构。遇到紧急情况时,各政务服务中心工作人员要尽快做到报警、警报与紧急公告。

第七章

相关法律法规知识

第一节 《中华人民共和国宪法》相关知识

一、总纲

一切国家机关实行精简的原则,实行工作责任制,实行工作人员的培训和考核制度,不断提高工作质量和工作效率,反对官僚主义。一切国家机关和国家工作人员必须依靠人民的支持,经常保持同人民的密切联系,倾听人民的意见和建议,接受人民的监督,努力为人民服务。

二、国家机构

县级以上地方各级人民政府依照法律规定的权限,管理本行政区域内的经济、教育、科学、文化、卫生、体育事业、城乡建设事业和财政、民政、公安、民族事务、司法行政、监察、计划生育等行政工作,发布决定和命令,任免、培训、考核和奖惩行政工作人员。

乡、民族乡、镇的人民政府执行本级人民代表大会的决议和上级国家行政机关的决定和命令,管理本行政区域内的行政工作。

省、直辖市的人民政府决定乡、民族乡、镇的建置和区域划分。

县级以上的地方各级人民政府领导所属各工作部门和下级人民政府的工作，有权改变或者撤销所属各工作部门和下级人民政府的不适当的决定。

第二节 《中华人民共和国行政许可法》相关知识

一、行政许可的设定

（1）设定行政许可，应当遵循经济和社会发展规律，有利于发挥公民、法人或者其他组织的积极性、主动性，维护公共利益和社会秩序，促进经济、社会和生态环境协调发展。

（2）下列事项可以设定行政许可：

1）直接涉及国家安全、公共安全、经济宏观调控、生态环境保护以及直接关系人身健康、生命财产安全等特定活动，需要按照法定条件予以批准的事项。

2）有限自然资源开发利用、公共资源配置以及直接关系公共利益的特定行业的市场准入等，需要赋予特定权利的事项。

3）提供公众服务并且直接关系公共利益的职业、行业，需要确定具备特殊信誉、特殊条件或者特殊技能等资格、资质的事项。

4）直接关系公共安全、人身健康、生命财产安全的重要设备、设施、产品、物品，需要按照技术标准、技术规范，通过检验、检测、检疫等方式进行审定的事项。

5）企业或者其他组织的设立等，需要确定主体资格的事项。

6）法律、行政法规规定可以设定行政许可的其他事项。

（3）行政法规可以在法律设定的行政许可事项范围内，对实施该行政许可作出具体规定。

地方性法规可以在法律、行政法规设定的行政许可事项范围内，对实施该行政许可作出具体规定。

规章可以在上位法设定的行政许可事项范围内，对实施该行政许可作出具体规定。

法规、规章对实施上位法设定的行政许可作出的具体规定，不得增设行政许可；对行政许可条件作出的具体规定，不得增设违反上位法的其他条件。

（4）设定行政许可，应当规定行政许可的实施机关、条件、程序、期限。

二、行政许可的实施机关

（1）行政许可由具有行政许可权的行政机关在其法定职权范围实施。

（2）法律、法规授权的具有管理公共事务职能的组织，在法定授权范围内，以自己的名义实施行政许可。被授权的组织适用本法有关行政机关的规定。

（3）行政机关在其法定职权范围内，依照法律、法规、规章的规定，可以委托其他行政机关实施行政许可。

委托机关应当将受委托行政机关和受委托实施行政许可的内容予以公告。委托行政机关对受委托行政机关实施行政许可的行为应当负责监督，并对该行为的后果承担法律责任。

受委托行政机关在委托范围内，以委托行政机关名义实施行政许可；不得再委托其他组织或者个人实施行政许可。

（4）经国务院批准，省、自治区、直辖市人民政府根据精简、统一、效能的原则，可以决定一个行政机关行使有关行政机关的行政许可权。

（5）行政许可需要行政机关内设的多个机构办理的，该行政机关应当确定一个机构统一受理行政许可申请，统一送达行政许可决定。

行政许可依法由地方人民政府两个以上部门分别实施的，本级人民政府可以确定一个部门受理行政许可申请并转告有关部门分别提出意见后统一办理，或者组织有关部门联合办理、集中办理。

（6）行政机关实施行政许可，不得向申请人提出购买指定商品、接受有偿服务等不正当要求。

行政机关工作人员办理行政许可，不得索取或者收受申请人的财物，不得谋取其他利益。

三、行政许可的实施程序

（1）公民、法人或者其他组织从事特定活动，依法需要取得行政许可的，应当向行政机关提出申请。申请书需要采用格式文本的，行政机关应当向申请人提供行政许可申请书格式文本。申请书格式文本中不得包含与申请行政许可事项没有直接关系的内容。

申请人可以委托代理人提出行政许可申请。但是，依法应当由申请人到行政机关办公场所提出行政许可申请的除外。

行政许可申请可以通过信函、电报、电传、传真、电子数据交换和电子邮件等方式提出。

（2）行政机关应当将法律、法规、规章规定的有关行政许可的事项、依据、条件、数量、程序、期限以及需要提交的全部材料的目录和申请书示范文本等在办公场所公示。

申请人要求行政机关对公示内容予以说明、解释的，行政机关应当说明、解释，提供准确、可靠的信息。

（3）申请人申请行政许可，应当如实向行政机关提交有关材料和反映真实情况，并对其申请材料实质内容的真实性负责。行政机关不得要求申请人提交与其申请的行政许可事项无关的技术资料和其他材料。

（4）行政机关对申请人提出的行政许可申请，应当根据下列情况分别作出处理：

1）申请事项依法不需要取得行政许可的，应当即时告知申请人不受理。

2）申请事项依法不属于本行政机关职权范围的，应当即时作出不予受理的决定，并告知申请人向有关行政机关申请。

3）申请材料存在可以当场更正的错误的，应当允许申请人当场更正。

4）申请材料不齐全或者不符合法定形式的，应当当场或者在五日内一次告知申请人需要补正的全部内容，逾期不告知的，自收到申请材料之日起即为受理。

5）申请事项属于本行政机关职权范围，申请材料齐全、符合法定形式，或者申请人按照本行政机关的要求提交全部补正申请材料的，应当受理行政许可申请。

6）行政机关受理或者不予受理行政许可申请，应当出具加盖本行政机关专用印章和注明日期的书面凭证。

（5）行政机关应当建立和完善有关制度，推行电子政务，在行政机关的网站上公布行政许可事项，方便申请人采取数据电文等方式提出行政许可申请；应当与其他行政机关共享有关行政许可信息，提高办事效率。

四、行政许可的审查与决定

（1）行政机关应当对申请人提交的申请材料进行审查。

申请人提交的申请材料齐全、符合法定形式，行政机关能够当场作出决定的，应当当场作出书面的行政许可决定。

根据法定条件和程序，需要对申请材料的实质内容进行核实的，行政机关应当指派两名以上工作人员进行核查。

（2）行政机关对行政许可申请进行审查时，发现行政许可事项直接关系他人重大利益的，应当告知该利害关系人。申请人、利害关系人有权进行陈述和申辩。行政机关应当听取申请人、利害关系人的意见。

（3）行政机关对行政许可申请进行审查后，除当场作出行政许可决定的外，应当在法定期限按照规定程序作出行政许可决定。

（4）申请人的申请符合法定条件、标准的，行政机关应当依法作出准予行政许可的书面决定。

行政机关依法作出不予行政许可的书面决定的，应当说明理由，并告知申请人享有依法申请行政复议或者提起行政诉讼的权利。

（5）行政机关作出准予行政许可的决定，需要颁发行政许可证件的，应当向申请人颁发加盖本行政机关印章的下列行政许可证件：

1）许可证、执照或者其他许可证书。

2）资格证、资质证或者其他合格证书。

3）行政机关的批准文件或者证明文件。

4）法律、法规规定的其他行政许可证件。

（6）行政机关作出的准予行政许可决定，应当予以公开，公众有权查阅。

（7）法律、行政法规设定的行政许可，其适用范围没有地域限制的，申请人取得的行政许可在全国范围有效。

五、期限

（1）除可以当场作出行政许可决定的外，行政机关应当自受理行政许可申请之日起二十日作出行政许可决定。二十日不能作出决定的，经本行政机关负责人批准，可以延长十日，并应当将延长期限的理由告知申请人。但是，法律、法规另有规定的，依照其规定。

（2）行政许可采取统一办理或者联合办理、集中办理的，办理的时间不得超过四十五日；四十五日不能办结的，经本级人民政府负责人批准，可以延长十五日，并应当将延长期限的理由告知申请人。

（3）行政机关作出准予行政许可的决定，应当自作出决定之日起十日内向申请人颁发、送达行政许可证件，或者加贴标签、加盖检验、检测、检疫印章。

六、变更与延续

（1）被许可人要求变更行政许可事项的，应当向作出行政许可决定的行政机关提出申请；符合法定条件、标准的，行政机关应当依法办理变更手续。

（2）被许可人需要延续依法取得的行政许可有效期的，应当在该行政许可有效期届满三十日前向作出行政许可决定的行政机关提出申请。但是，法律、法规、规章另有规定的，依照其规定。

行政机关应当根据被许可人的申请，在该行政许可有效期届满前作出是否准予延续的决定；逾期未作决定的，视为准予延续。

七、特别规定

（1）赋予公民特定资格，依法应当举行国家考试的，行政机关根据考试成绩和其他法定条件作出行政许可决定；赋予法人或者其他组织特定的资格、资质的，行政机关根据申请人的专业人员构成、技术条件、经营业绩和管理水平等的考核结果作出行政许可决定。但是，法律、行政法规另有规定的，依照其规定。

（2）有数量限制的行政许可，两个或者两个以上申请人的申请均符合法定条件、标准的，行政机关应当根据受理行政许可申请的先后顺序作出准予行政许可的决定。但是，法律、行政法规另有规定的，依照其规定。

八、行政许可的费用

（1）行政机关实施行政许可和对行政许可事项进行监督检查，不得收取任何费用。但是，法律、行政法规另有规定的，依照其规定。

（2）行政机关提供行政许可申请书格式文本，不得收费。

九、法律责任

（1）行政许可申请人隐瞒有关情况或者提供虚假材料申请行政许可的，行政机关不予受理或者不予行政许可，并给予警告；行政许可申请属于直接关系公共安全、人身健康、生命财产安全事项的，申请人在一年内不得再次申请该行政许可。

（2）被许可人有下列行为之一的，行政机关应当依法给予行政处罚；构成犯罪的，依法追究刑事责任：

1）涂改、倒卖、出租、出借行政许可证件，或者以其他形式非法转让行政许可的。

2）超越行政许可范围进行活动的。

3）向负责监督检查的行政机关隐瞒有关情况、提供虚假材料或者拒绝提供反映其活动情况的真实材料的。

4）法律、法规、规章规定的其他违法行为。

（3）公民、法人或者其他组织未经行政许可，擅自从事依法应当取得行政许可活动的，行政机关应当依法采取措施予以制止，并依法给予行政处罚；构成犯罪的，依法追究刑事责任。

第三节 《中华人民共和国治安管理处罚法》相关知识

一、处罚的种类和适用

（1）治安管理处罚的种类分为：警告，罚款，行政拘留，吊销公安机关发放的许可证。

（2）有两种以上违反治安管理行为的，分别决定，合并执行。行政拘留处罚合并执行的，最长不超过二十日。

二、违反治安管理的行为和处罚

（1）扰乱机关、团体、企业、事业单位秩序，致使工作、生产、营业、医疗、教学、科研不能正常进行，尚未造成严重损失的，处警告或者二百元以下罚款；

情节较重的，处五日以上十日以下拘留，可以并处五百元以下罚款。

（2）有下列行为之一的，处五日以下拘留；情节较重的，处五日以上十日以下拘留：

1）违反国家规定，侵入计算机信息系统，造成危害的。

2）违反国家规定，对计算机信息系统功能进行删除、修改、增加、干扰，造成计算机信息系统不能正常运行的。

3）违反国家规定，对计算机信息系统中存储、处理、传输的数据和应用程序进行删除、修改、增加的。

4）故意制作、传播计算机病毒等破坏性程序，影响计算机信息系统正常运行的。

三、妨害公共安全的行为和处罚

（1）有下列行为之一的，处警告或者二百元以下罚款；情节严重的，处五日以上十日以下拘留，可以并处五百元以下罚款：

1）拒不执行人民政府在紧急状态情况下依法发布的决定、命令的。

2）阻碍国家机关工作人员依法执行职务的。

3）阻碍执行紧急任务的消防车、救护车、工程抢险车、警车等车辆通行的。

4）强行冲闯公安机关设置的警戒带、警戒区的。

阻碍人民警察依法执行职务的，从重处罚。

（2）冒充国家机关工作人员或者以其他虚假身份招摇撞骗的，处五日以上十日以下拘留，可以并处五百元以下罚款；情节较轻的，处五日以下拘留或者五百元以下罚款。

冒充军警人员招摇撞骗的，从重处罚。

（3）有下列行为之一的，处十日以上十五日以下拘留，可以并处一千元以下罚款；情节较轻的，处五日以上十日以下拘留，可以并处五百元以下罚款：

1）伪造、变造或者买卖国家机关、人民团体、企业、事业单位或者其他组织的公文、证件、证明文件、印章的。

2）买卖或者使用伪造、变造的国家机关、人民团体、企业、事业单位或者其他组织的公文、证件、证明文件的。

3）伪造、变造、倒卖车票、船票、航空客票、文艺演出票、体育比赛入场券或者其他有价票证、凭证的。

4）伪造、变造船舶户牌，买卖或者使用伪造、变造的船舶户牌，或者涂改船舶发动机号码的。

（4）有下列行为之一的，处十日以上十五日以下拘留，并处五百元以上一千元以下罚款；情节较轻的，处五日以下拘留或者五百元以下罚款：

1）违反国家规定，未经注册登记，以社会团体名义进行活动，被取缔后，仍进行活动的。

2）被依法撤销登记的社会团体，仍以社会团体名义进行活动的。

3）未经许可，擅自经营按照国家规定需要由公安机关许可的行业的。

有前款第三项行为的，予以取缔。

取得公安机关许可的经营者，违反国家有关管理规定，情节严重的，公安机关可以吊销许可证。

第四节 《中华人民共和国保守国家秘密法》相关知识

一、国家秘密受法律保护

一切国家机关、武装力量、政党、社会团体、企业事业单位和公民都有保守国家秘密的义务。

二、保密工作责任制

机关、单位应当实行保密工作责任制，健全保密管理制度，完善保密防护措施，开展保密宣传教育，加强保密检查。

三、相关奖励

国家对在保守、保护国家秘密以及改进保密技术、措施等方面成绩显著的单位或者个人给予奖励。

四、国家秘密的范围

下列涉及国家安全和利益的事项，泄露后可能损害国家在政治、经济、国防、外交等领域的安全和利益的，应当确定为国家秘密：

（1）国家事务重大决策中的秘密事项。

（2）国防建设和武装力量活动中的秘密事项。

（3）外交和外事活动中的秘密事项以及对外承担保密义务的秘密事项。

（4）国民经济和社会发展中的秘密事项。

（5）科学技术中的秘密事项。

（6）维护国家安全活动和追查刑事犯罪中的秘密事项。

（7）经国家保密行政管理部门确定的其他秘密事项。

政党的秘密事项中符合前款规定的，属于国家秘密。

五、国家秘密的密级

国家秘密的密级分为绝密、机密、秘密三级。绝密级国家秘密是最重要的国家秘密，泄露会使国家安全和利益遭受特别严重的损害；机密级国家秘密是重要的国家秘密，泄露会使国家安全和利益遭受严重的损害；秘密级国家秘密是一般的国家秘密，泄露会使国家安全和利益遭受损害。

六、保守国家秘密的要求

（1）机关、单位对承载国家秘密的纸介质、光介质、电磁介质等载体（以下简称国家秘密载体）以及属于国家秘密的设备、产品，应当做出国家秘密标志。

（2）存储、处理国家秘密的计算机信息系统（以下简称涉密信息系统）按照涉密程度实行分级保护。

涉密信息系统应当按照国家保密标准配备保密设施、设备。保密设施、设备应当与涉密信息系统同步规划、同步建设、同步运行。

涉密信息系统应当按照规定，经检查合格后，方可投入使用。

（3）机关、单位应当加强对涉密信息系统的管理，任何组织和个人不得有下列行为：

1）将涉密计算机、涉密存储设备接入互联网及其他公共信息网络。

2）在未采取防护措施的情况下，在涉密信息系统与互联网及其他公共信息网络之间进行信息交换。

3）使用非涉密计算机、非涉密存储设备存储、处理国家秘密信息。

4）擅自卸载、修改涉密信息系统的安全技术程序、管理程序。

5）将未经安全技术处理的退出使用的涉密计算机、涉密存储设备赠送、出售、丢弃或者改作其他用途。

（4）机关、单位应当加强对国家秘密载体的管理，任何组织和个人不得有下列行为：

1）非法获取、持有国家秘密载体。

2）买卖、转送或者私自销毁国家秘密载体。

3）通过普通邮政、快递等无保密措施的渠道传递国家秘密载体。

4）邮寄、托运国家秘密载体出境。

5）未经有关主管部门批准，携带、传递国家秘密载体出境。

（5）禁止非法复制、记录、存储国家秘密。禁止在互联网及其他公共信息网络或者未采取保密措施的有线和无线通信中传递国家秘密。禁止在私人交往和通信中涉及国家秘密。

（6）举办会议或者其他活动涉及国家秘密的，主办单位应当采取保密措施，并对参加人员进行保密教育，提出具体保密要求。

（7）机关、单位应当建立健全涉密人员管理制度，明确涉密人员的权利、岗位责任和要求，对涉密人员履行职责情况开展经常性的监督检查。

七、法律责任

（1）违反本法规定，有下列行为之一的，依法给予处分；构成犯罪的，依法追究刑事责任：

1）非法获取、持有国家秘密载体的。

2）买卖、转送或者私自销毁国家秘密载体的。

3）通过普通邮政、快递等无保密措施的渠道传递国家秘密载体的。

4）邮寄、托运国家秘密载体出境，或者未经有关主管部门批准，携带、传递国家秘密载体出境。

5）非法复制、记录、存储国家秘密的。

6）在私人交往和通信中涉及国家秘密的。

7）在互联网及其他公共信息网络或者未采取保密措施的有线和无线通信中传递国家秘密的。

8）将涉密计算机、涉密存储设备接入互联网及其他公共信息网络的。

9）在未采取防护措施的情况下，在涉密信息系统与互联网及其他公共信息网络之间进行信息交换的。

10）使用非涉密计算机、非涉密存储设备存储、处理国家秘密信息的。

11）擅自卸载、修改涉密信息系统的安全技术程序、管理程序的。

12）将未经安全技术处理的退出使用的涉密计算机、涉密存储设备赠送、出售、丢弃或者改作其他用途的。

有前款行为尚不构成犯罪，且不适用处分的人员，由保密行政管理部门督促其所在机关、单位予以处理。

（2）机关、单位违反本法规定，发生重大泄密案件的，由有关机关、单位依法对直接负责的主管人员和其他直接责任人员给予处分；不适用处分的人员，由保密行政管理部门督促其主管部门予以处理。

机关、单位违反本法规定，对应当定密的事项不定密，或者对不应当定密的事项定密，造成严重后果的，由有关机关、单位依法对直接负责的主管人员和其他直接责任人员给予处分。

第五节　《中华人民共和国公务员法》相关知识

一、公务员应当具备的条件

（1）具有中华人民共和国国籍。
（2）年满十八周岁。
（3）拥护中华人民共和国宪法，拥护中国共产党领导和社会主义制度。
（4）具有良好的政治素质和道德品行。
（5）具有正常履行职责的身体条件和心理素质。
（6）具有符合职位要求的文化程度和工作能力。
（7）法律规定的其他条件。

二、公务员应当履行的义务

（1）忠于宪法，模范遵守、自觉维护宪法和法律，自觉接受中国共产党领导。

（2）忠于国家，维护国家的安全、荣誉和利益。

（3）忠于人民，全心全意为人民服务，接受人民监督。

（4）忠于职守，勤勉尽责，服从和执行上级依法作出的决定和命令，按照规定的权限和程序履行职责，努力提高工作质量和效率。

（5）保守国家秘密和工作秘密。

（6）带头践行社会主义核心价值观，坚守法治，遵守纪律，恪守职业道德，模范遵守社会公德、家庭美德。

（7）清正廉洁，公道正派。

（8）法律规定的其他义务

三、公务员的职务、职级与级别

（1）公务员职位类别按照公务员职位的性质、特点和管理需要，划分为综合管理类、专业技术类和行政执法类等类别。根据本法，对于具有职位特殊性，需要单独管理的，可以增设其他职位类别。各职位类别的适用范围由国家另行规定。

（2）国家实行公务员职务与职级并行制度，根据公务员职位类别和职责设置公务员领导职务、职级序列。

（3）各机关依照确定的职能、规格、编制限额、职数以及结构比例，设置本机关公务员的具体职位，并确定各职位的工作职责和任职资格条件。

四、不得录用为公务员的条件

下列人员不得录用为公务员：

（1）因犯罪受过刑事处罚的。

（2）被开除中国共产党党籍的。

（3）被开除公职的。

（4）被依法列为失信联合惩戒对象的。

（5）有法律规定不得录用为公务员的其他情形的。

五、公务员的录用和考核

（1）录用公务员，应当发布招考公告。招考公告应当载明招考的职位、名额、报考资格条件、报考需要提交的申请材料以及其他报考须知事项。

（2）招录机关根据报考资格条件对报考申请进行审查。报考者提交的申请材料应当真实、准确。

（3）公务员录用考试采取笔试和面试等方式进行，考试内容根据公务员应当具备的基本能力和不同职位类别、不同层级机关分别设置。

（4）招录机关根据考试成绩确定考察人选，并进行报考资格复审、考察和体检。

（5）公务员的考核应当按照管理权限，全面考核公务员的德、能、勤、绩、廉，重点考核政治素质和工作实绩。考核指标根据不同职位类别、不同层级机关分别设置。

（6）公务员的考核分为平时考核、专项考核和定期考核等方式。定期考核以平时考核、专项考核为基础。

（7）定期考核的结果作为调整公务员职位、职务、职级、级别、工资以及公务员奖励、培训、辞退的依据。

六、晋升与奖励制度

（1）公务员晋升领导职务，应当具备拟任职务所要求的政治素质、工作能力、文化程度和任职经历等方面的条件和资格。

（2）公务员职级应当逐级晋升，根据个人德才表现、工作实绩和任职资历，参考民主推荐或者民主测评结果确定人选，经公示后，按照管理权限审批。

（3）公务员的职务、职级实行能上能下。对不适宜或者不胜任现任职务、职级的，应当进行调整。

公务员在年度考核中被确定为不称职的，按照规定程序降低一个职务或者职级层次任职。

（4）对工作表现突出，有显著成绩和贡献，或者有其他突出事迹的公务员或者公务员集体，给予奖励。奖励坚持定期奖励与及时奖励相结合、精神奖励与物质奖励相结合、以精神奖励为主的原则。

（5）公务员或者公务员集体有下列情形之一的，给予奖励：

1）忠于职守，积极工作，勇于担当，工作实绩显著的。

2）遵纪守法，廉洁奉公，作风正派，办事公道，模范作用突出的。

3）在工作中有发明创造或者提出合理化建议，取得显著经济效益或者社会效益的。

4）为增进民族团结，维护社会稳定作出突出贡献的。

5）爱护公共财产，节约国家资财有突出成绩的。

6）防止或者消除事故有功，使国家和人民群众利益免受或者减少损失的。

7）在抢险、救灾等特定环境中作出突出贡献的。

8）同违纪违法行为作斗争有功绩的。

9）在对外交往中为国家争得荣誉和利益的。

10）有其他突出功绩的。

（6）公务员或者公务员集体有下列情形之一的，撤销奖励：

1）弄虚作假，骗取奖励的。

2）申报奖励时隐瞒严重错误或者严重违反规定程序的。

3）有严重违纪违法等行为，影响称号声誉的。

4）有法律、法规规定应当撤销奖励的其他情形的。

第六节 《中华人民共和国行政复议法》相关知识

一、行政复议的受理

（1）行政复议机关收到行政复议申请后，应当在五日内进行审查，对不符合本法规定的行政复议申请，决定不予受理，并书面告知申请人；对符合本法规定，但是不属于本机关受理的行政复议申请，应当告知申请人向有关行政复议机关提出。

（2）行政复议期间具体行政行为不停止执行；但是，有下列情形之一的，可以停止执行：

1）被申请人认为需要停止执行的。

2）行政复议机关认为需要停止执行的。

3）申请人申请停止执行，行政复议机关认为其要求合理，决定停止执行的。

4）法律规定停止执行的。

二、行政复议决定

（1）行政复议决定作出前，申请人要求撤回行政复议申请的，经说明理由，可以撤回；撤回行政复议申请的，行政复议终止。

（2）行政复议机关负责法制工作的机构应当对被申请人作出的具体行政行为进行审查，提出意见，经行政复议机关的负责人同意或者集体讨论通过后，按照下列规定作出行政复议决定：

1）具体行政行为认定事实清楚，证据确凿，适用依据正确，程序合法，内容适当的，决定维持。

2）被申请人不履行法定职责的，决定其在一定期限内履行。

3）具体行政行为有下列情形之一的，决定撤销、变更或者确认该具体行政行为违法；决定撤销或者确认该具体行政行为违法的，可以责令被申请人在一定期限内重新作出具体行政行为：

①主要事实不清、证据不足的。

②适用依据错误的。

③违反法定程序的。

④超越或者滥用职权的。

⑤具体行政行为明显不当的。

（3）申请人逾期不起诉又不履行行政复议决定的，或者不履行最终裁决的行政复议决定的，按照下列规定分别处理：

1）维持具体行政行为的行政复议决定，由作出具体行政行为的行政机关依法强制执行，或者申请人民法院强制执行。

2）变更具体行政行为的行政复议决定，由行政复议机关依法强制执行，或者申请人民法院强制执行。

三、法律责任

（1）行政复议机关工作人员在行政复议活动中，徇私舞弊或者有其他渎职、失职行为的，依法给予警告、记过、记大过的行政处分；情节严重的，依法给予降级、撤职、开除的行政处分；构成犯罪的，依法追究刑事责任。

（2）被申请人违反本法规定，不提出书面答复或者不提交作出具体行政行为的证据、依据和其他有关材料，或者阻挠、变相阻挠公民、法人或者其他组织依法申请行政复议的，对直接负责的主管人员和其他直接责任人员依法给予警告、记过、记大过的行政处分；进行报复陷害的，依法给予降级、撤职、开除的行政处分；构成犯罪的，依法追究刑事责任。

（3）被申请人不履行或者无正当理由拖延履行行政复议决定的，对直接负责的主管人员和其他直接责任人员依法给予警告、记过、记大过的行政处分；经责令履行仍拒不履行的，依法给予降级、撤职、开除的行政处分。

（4）行政复议机关负责法制工作的机构发现有无正当理由不予受理行政复议申请、不按照规定期限作出行政复议决定、徇私舞弊、对申请人打击报复或者不履行行政复议决定等情形的，应当向有关行政机关提出建议，有关行政机关应当依照本法和有关法律、行政法规的规定作出处理。

第七节 《优化营商环境条例》相关知识

一、总则

（1）国家持续深化简政放权、放管结合、优化服务改革，最大限度减少政府对市场资源的直接配置，最大限度减少政府对市场活动的直接干预，加强和规范事中事后监管，着力提升政务服务能力和水平，切实降低制度性交易成本，更大激发市场活力和社会创造力，增强发展动力。

（2）各级人民政府应当加强对优化营商环境工作的组织领导，完善优化营商环境的政策措施，建立健全统筹推进、督促落实优化营商环境工作的相关机制，及时协调、解决优化营商环境工作中的重大问题。

县级以上人民政府有关部门应当按照职责分工，做好优化营商环境的相关工作。县级以上地方人民政府根据实际情况，可以明确优化营商环境工作的主管部门。

二、政务服务

（1）政府及其有关部门应当进一步增强服务意识，切实转变工作作风，为市场主体提供规范、便利、高效的政务服务。

（2）政府及其有关部门应当推进政务服务标准化，按照减环节、减材料、减时限的要求，编制并向社会公开政务服务事项（包括行政权力事项和公共服务事项，下同）标准化工作流程和办事指南，细化量化政务服务标准，压缩自由裁量权，推进同一事项实行无差别受理、同标准办理。没有法律、法规、规章依据，不得增设政务服务事项的办理条件和环节。

（3）政府及其有关部门办理政务服务事项，应当根据实际情况，推行当场办结、一次办结、限时办结等制度，实现集中办理、就近办理、网上办理、异地可办。需要市场主体补正有关材料、手续的，应当一次性告知需要补正的内容；需要进行现场踏勘、现场核查、技术审查、听证论证的,应当及时安排、限时办结。

法律、法规、规章以及国家有关规定对政务服务事项办理时限有规定的,应当在规定的时限内尽快办结;没有规定的,应当按照合理、高效的原则确定办理时限并按时办结。各地区可以在国家规定的政务服务事项办理时限内进一步压减时间,并应当向社会公开;超过办理时间的,办理单位应当公开说明理由。

地方各级人民政府已设立政务服务大厅的,本行政区域内各类政务服务事项一般应当进驻政务服务大厅统一办理。对政务服务大厅中部门分设的服务窗口,应当创造条件整合为综合窗口,提供一站式服务。

(4)国家加快建设全国一体化在线政务服务平台(以下称一体化在线平台),推动政务服务事项在全国范围内实现"一网通办"。除法律、法规另有规定或者涉及国家秘密等情形外,政务服务事项应当按照国务院确定的步骤,纳入一体化在线平台办理。

国家依托一体化在线平台,推动政务信息系统整合,优化政务流程,促进政务服务跨地区、跨部门、跨层级数据共享和业务协同。政府及其有关部门应当按照国家有关规定,提供数据共享服务,及时将有关政务服务数据上传至一体化在线平台,加强共享数据使用全过程管理,确保共享数据安全。

国家建立电子证照共享服务系统,实现电子证照跨地区、跨部门共享和全国范围内互信互认。各地区、各部门应当加强电子证照的推广应用。

各地区、各部门应当推动政务服务大厅与政务服务平台全面对接融合。市场主体有权自主选择政务服务办理渠道,行政机关不得限定办理渠道。

(5)政府及其有关部门应当通过政府网站、一体化在线平台,集中公布涉及市场主体的法律、法规、规章、行政规范性文件和各类政策措施,并通过多种途径和方式加强宣传解读。

(6)县级以上地方人民政府应当深化投资审批制度改革,根据项目性质、投资规模等分类规范投资审批程序,精简审批要件,简化技术审查事项,强化项目决策与用地、规划等建设条件落实的协同,实行与相关审批在线并联办理。

(7)设区的市级以上地方人民政府应当按照国家有关规定,优化工程建设项目（不包括特殊工程和交通、水利、能源等领域的重大工程）审批流程，推行并联审批、多图联审、联合竣工验收等方式，简化审批手续，提高审批效能。

在依法设立的开发区、新区和其他有条件的区域，按照国家有关规定推行区域评估，由设区的市级以上地方人民政府组织对一定区域内压覆重要矿产资源、地质灾害危险性等事项进行统一评估，不再对区域内的市场主体单独提出评估要求。区域评估的费用不得由市场主体承担。

（8）作为办理行政审批条件的中介服务事项（以下称法定行政审批中介服务）应当有法律、法规或者国务院决定依据；没有依据的，不得作为办理行政审批的条件。中介服务机构应当明确办理法定行政审批中介服务的条件、流程、时限、收费标准，并向社会公开。

国家加快推进中介服务机构与行政机关脱钩。行政机关不得为市场主体指定或者变相指定中介服务机构；除法定行政审批中介服务外，不得强制或者变相强制市场主体接受中介服务。行政机关所属事业单位、主管的社会组织及其举办的企业不得开展与本机关所负责行政审批相关的中介服务，法律、行政法规另有规定的除外。

行政机关在行政审批过程中需要委托中介服务机构开展技术性服务的，应当通过竞争性方式选择中介服务机构，并自行承担服务费用，不得转嫁给市场主体承担。

（9）政府及其有关部门应当按照国家促进跨境贸易便利化的有关要求，依法削减进出口环节审批事项，取消不必要的监管要求，优化简化通关流程，提高通关效率，清理规范口岸收费，降低通关成本，推动口岸和国际贸易领域相关业务统一通过国际贸易"单一窗口"办理。

（10）税务机关应当精简办税资料和流程，简并申报缴税次数，公开涉税事项办理时限，压减办税时间，加大推广使用电子发票的力度，逐步实现全程网上办税，持续优化纳税服务。

（11）不动产登记机构应当按照国家有关规定，加强部门协作，实行不动产登记、交易和缴税一窗受理、并行办理，压缩办理时间，降低办理成本。在国家规定的不动产登记时限内,各地区应当确定并公开具体办理时间。

国家推动建立统一的动产和权利担保登记公示系统,逐步实现市场主体在一个平台上办理动产和权利担保登记。纳入统一登记公示系统的动产和权利范围另行规定。

(12)政府及其有关部门应当按照构建亲清新型政商关系的要求,建立畅通有效的政企沟通机制,采取多种方式及时听取市场主体的反映和诉求,了解市场主体生产经营中遇到的困难和问题,并依法帮助其解决。

建立政企沟通机制,应当充分尊重市场主体意愿,增强针对性和有效性,不得干扰市场主体正常生产经营活动,不得增加市场主体负担。

(13)政府及其有关部门应当建立便利、畅通的渠道,受理有关营商环境的投诉和举报。